성서 우화

성서 수화

초판 1쇄 2010년 1월 5일 발행

펴 낸 이 | 이동진
펴 낸 곳 | 해누리
옮 긴 이 | 이동진
책임편집 | 조종순
마 케 팅 | 김진용 · 김승욱

등록번호 | 제16-1732호
등록일자 | 1998년 9월 9일

주소 | 서울시 마포구 성산1동 239-1 성진빌딩
전화 | (02)335-0414   팩스 | (02)335-0416
E-mail | sunnyworld@henuri.com

ISBN 978-89-6226-016-8 (03230)

성서 우화

이동진 옮김

해누리

이 책은 13세기 말 또는 14세기 초에 라틴어로 쓰여진 것이다. 로마제국의 역사에 바탕을 둔 일화들을 주로 다루지만, 유럽과 중동 지역의 이야기들, 자유로운 환타지와 풍부한 비유가 넘치는 이야기들도 많이 포함되어 있는 것이 특징이다.

또한 이 책은 성서와 성인전기 뿐만 아니라, 이솝 우화집, 플루타크 영웅전, 성 아우구스티누스의 저서를 비롯한 고대의 광범위한 고전작품들을 참고하여 창작된 교훈적인 설화들도 수록했다.

그리고 이 책에는 중세시대에 대중적인 인기를 독점한 주제, 즉 마술사, 역경에 처한 귀부인, 용감한 기사, 감옥 탈출, 보물의 발견, 수수께끼 등이 모자이크처럼 깔려 있어서 이야기가 흥미진진하게 전개된다.

이 책은 저자가 누구인지 전혀 알려지지 않고 있다. 어느 나라에서 최초의 필사본이 등장했는지도 확실하지 않다. 다만 영국의 콘스탄스 호수 지방에서 필사본이 처음 등장했다고 하는 학설이 유력하다.

이 책은 처음 등장한 이래 4백년 이상이나 유럽 사회에서 오랫동안 큰 인기를 끌어왔다. 처음에는 라틴어 필사본을 성직자들이 설교의 비유 자료로 애용했지만, 곧 이어서 영어, 프랑스어, 독일어, 네델란드어 등으로 번역되어 유럽 전역에서 베스트셀러가 되었다. 어른들뿐만 아니라 아이들도 즐겨 읽었고, 유럽의 어느 가정에서나 반드시 읽지 않으면 안되는 필수 독본이었다.

또한 보카치오의 《데카메론》, 초서의 《캔터베리 이야기》 가운데 나오는 《법률가의 이야기》, 셰익스피어의 《베니스의 상인》, 《페리클레스》, 《리어왕》, 존 가우어와 토머스 호클리

브의 작품 등은 직접 또는 간접적으로 이 책의 내용을 모델로 삼은 것이다. 이 외에도 《천로역정》의 저자 존 번연, 《로빈손 크루소》의 저자 다니엘 디포를 비롯한 유럽의 수많은 문학가들이 이 책에서 영감을 받았던 것이다.

현재 유럽 여러 나라 언어의 필사본으로 전해지는 것이 200 종류가 넘는다. 그리고 단행본으로는 1473년 네델란드의 유트레히트에서 처음으로 출판되었다. 영국에서는 윈킨드 워드가 1524년경에 영어로 처음 출판했다. 이것을 리처드 로빈슨이 수정해서 1577년에 다시 출판했는데, 그 후 로빈슨의 수정판이 엄청난 인기를 누려왔다.

이번 해누리에서 펴낸 이 책은 로빈슨의 1595년 수정본을 국내 최초로 무삭제 완역한 것이다. 400년 전 영어로 된 문장을 오늘의 우리말로 옮기는 작업은 사실 쉽지가 않았다. 그

러나 이 책의 내용과 교훈이 현대를 살아가는 우리에게 아직
도 무엇인가 근본적인 것을 제시해 줄수 있다고 믿었기 때문
에, 나는 밤을 새워가면서도 기꺼이 번역작업을 계속했다.
이 책이 설교, 강연, 교육현장 등에서 좋은 자료가 된다면,
그리고 생각하는 독자들에게 유익한 마음의 양식이 된다면
나에게는 그보다 더 큰 보상이 없을 것이라고 본다.

옮긴이 이동진

 차례

머리말 • 4

Chapter 1

Chapter 4

Chapter 4

지혜로운 기사와 어리석은 기사

· · · · ·

지혜로운 기사와 어리석은 기사

· · · · ·

옛날 로마에 폴리쿨루스라는 황제가 살았다. 그는 매우 지혜롭고 자비로우며, 모든 일을 정의에 따라 처리했다.

황제는 제국의 동쪽에 큰 도시를 건설하고 자신의 모든 보물과 보석과 재산을 그곳에 저장했다. 그러나 그 도시로 들어가는 길은 하나 같이 돌 투성이에다가 날카로운 가시가 돋은 덤불로 가득 찼으며, 완전 무장한 기사 세 명이 침입자와 언제든지 싸울 태세로 지키고 있었다.

황제는 누구든지 세 명의 기사와 싸워서 이긴다면 동쪽 도시에 들어가서 마음대로 보물을 가져가도 좋다고 선포했다.

한편, 그는 제국의 북쪽에도 큰 도시를 건설했는데, 여기에서는 많은 범죄자들이 고통과 고문, 슬픔과 불행으로 처벌을 받았다. 그러나 이곳으로 통하는 길은 매우 넓고 유쾌했으며, 아름다운 장미와 백합꽃이 항상 만발해 있었다. 그리고 거기에는 세 명의 기사가 기다리고 있다가 찾아오는 사람들에게 맛있는 음식과 필요한 물건을 일일이 제공해서 즐겁게 만들어 주었다.

그러나 그 길을 지나서 일단 북쪽 도시로 들어서기만 하면 영락없이 손발이 묶인 채 감옥에 갇힌 다음 재판을 기다려야 했다. 이러한 사실들은 나라 전체에 알려졌다.

그 무렵 로마에는 두 명의 기사가 살았는데, 한 명은 지혜로운 기사 요나타스였고, 또 한 명은 어리석은 기사 피리우스였다. 두 기사는 더없이 절친한 사이였다.

어느 날 요나타스가 피리우스에게 말했다.

"황제가 동쪽에 도시를 건설하고 자기의 모든 보물과 재산을 거기 저장했을 뿐만 아니라, 누구든지 그 도시에 들어가는 사람은 원하는 대로 보물을 가져가도 좋다고 선포했어. 로마제국에서 이걸 모르는 사람은 없지. 그러니까 우린 동쪽 도시로 가자."

피리우스는 대답했다.

"자네 말이 옳아. 난 자네 의견에 따르겠어."

그러자 지혜로운 기사 요나타스가 말했다.

"내 말을 따르겠다고 하니 고맙네. 난 우리 진실한 우정이 영원히 변치 않기를 바라네. 그런 의미에서 자네가 내 피를 마시고 내가 자네 피를 마셔서 이 여행 중에 우리가 서로 헤어지거나 등지는 일이 없도록 하세."

어리석은 기사가 좋다고 대답하자, 두 기사는 각각 상대방의 피를 마셨다. 그리고 나서 두 사람이 함께 여행길에 올랐다. 보물이 저장된 동쪽 도시를 향해서 여러 날 걸어간 끝에 그들은 길이 갈라지는 곳에 도달했다. 한쪽 길은 가파르고 돌이 많으며 가시덤불로 뒤덮여 있었고, 다른 길은 평평하게 잘 닦여져 있고 즐거움으로 가득 차 있었다. 그러자 지혜로운 기사 요나타스가 피리우스에게 말했다.

"여기 두 갈래 길이 있는데, 가파르고 가시덤불로 뒤덮인 길을 따라 간다면 우린 엄청난 보물이 저장된 도시로 가서 마음대로 보물을 차지할 수가 있을 거야."

그러자 어리석은 기사 피리우스가 요나타스를 보며 이렇게 대꾸했다.

"자네가 그런 말을 하다니 놀라지 않을 수가 없네. 자네 말보다는 난 내 눈을 더 믿겠어. 여기 탁 트인 멋진 길이 보이는데도 자네는 가시덤불에 가득 차고 험한 길로 가자고 하다니 말야. 게다가 내가 듣기에는 저 험한 길에는 단단히 무장한 기사들이 지키고 있는데, 동쪽 도시를 향해 가는 모든 사람과 대항해서 싸운다고 하네. 그러니까 난 그 길로 가지 않겠어.

그리고 자네 눈에도 보이는 이 길은 평탄하고 걸어가기도 아주 쉬운 데다가, 여기서는 세 기사가 우리 시중을 들고 필요한 것은 무엇이든지 제공해준다고 하지. 그러니까 난 험한 저 길이 아니라 바로 이 길로 가겠어."

그러자 지혜로운 기사가 타일렀다.

"평탄한 길로 가면 우린 북쪽의 도시에 도달할 거야. 그곳에는 자비가 없고, 영원한 고통과 슬픔만 있지. 그리고 우린 거기서 손발이 묶여 감옥에 갇히고 말거야."

어리석은 기사는 그를 보며 말했다.

"평탄한 이 길이 틀림없이 우리가 갈 길이야. 난 험한 길보다 이 길이 더 유익하다고 믿어."

결국 두 기사는 평탄한 길로 들어섰다. 얼마 후 세 기사가 그들을 맞이하여 하룻밤 동안 정중하게 대접하고 필요한 것을 모두 베풀어주었다. 다음 날 아침 두 기사가 도시를 향해 길을 떠났고, 드디어 도시 안으로 들어갔다. 그러자 황제의 관리들이 그들을 맞이하며 말했다.

"이 도시의 법이 지금까지 오랜 세월동안 대단히 잔인하게 집행되었다는 것을 알면서 대체 왜 이곳으로 왔지요? 당신들은 법에 따라 엄중히 처벌할 것입니다."

그들은 즉시 지혜로운 기사를 묶어 감옥에 처넣었다. 그 다음에는 어리석은 기사를 잡아서 단단히 묶은 뒤에 구덩이에 처박았다.

얼마 후, 재판관이 그 도시에 와서 법을 어긴 사람들을 일일이 재판하게 되었다. 모든 죄수가 끌려나왔는데, 그 가운데는 감옥에서 끌려나온 지혜로운 기사와 구덩이에서 끌려나온 어리석은 기사도 끼어 있었다. 이윽고 지혜로운 기사가 재판관에게 말했다.

"존경하는 재판장님, 저는 동료의 잘못으로 죽음의 구렁텅이에 빠지게 되었습니다. 우리 둘은 길이 갈라지는 곳에 이르렀는데, 한쪽 길은 동쪽 도시로, 다른 길은 이 도시로 빠지는 것이었지요. 전 동료에게 이 도시의 모든 위험을 경고하고, 동쪽 도시의 보상에 관해 설명했습니다. 그런데 제 동료는 제 말을 믿으려 하지 않고, 오히려 '난 자네 말보다는 내 눈을 더 믿겠어.' 라고 말했지요. 그는 제 절친한 친구이자 길을 함께 가는 동료였기 때문에 혼자 떠나보내고 싶지 않아서 제가 같이 이곳으로 오게 된 겁니다. 따라서 저는 제 동료의 잘못 때문에 죽게 된 것입니다."

그러자 어리석은 기사가 말했다.

"오히려 제가 저 친구 때문에 죽게 된 것입니다. 저는 어리석고 그는 지혜롭다는 사실을 모르는 사람이 없지요. 따라서 그는 제 어리석은 견해에 호락호락 동조해서 이 길을 따라오지 말았어야 마땅합니다. 그가 만일 이 길을 버렸더라면 저는 그를 따라서 다른 길로 갔을 겁니다. 결국 저 친구 때문에 제가 죽게 된 것입니다."

이윽고 재판관이 지혜로운 기사에게 먼저 말했다.

"너는 지혜가 풍부하고 사물에 대한 이해력이 깊은데도 불구하고 어리석은 자의 의견에 너무나도 경솔하게 동조하고 그 행동을 본받았다. 따라서 교수형에 처한다."

이어서 재판관은 어리석은 기사에게 말했다.

"너는 지혜로운 이 기사의 의견에 동조하지도 않았고, 그의 타당한 권고에 따라 실천하려고도 하지 않았다. 지혜로운 기사를 믿지 않은 것이다. 그러므로 교수형에 처한다."

결국 두 기사는 교수형을 당했다. 모든 사람은 재판관의 판결이 더없이 공정하다고 칭송했다.

🌿 이 황제는 전능하신 주님이고, 동쪽에 있는 것은 무한한 보물이 쌓여 있는 하늘나라의 도시다. 이 도시로 가는 길은 험난하고 가시덤불로 가득 차 있다. 다시 말하면 이 길은 참회의 길인데, 너무나도 험한 길이라서 여기 들어서는 사람이 거의 없다. 이 길에 대해서 성서는 '영원한 생명으로 인도하는 지름길'이라고 말한다.

이 길에는 악마, 세상, 육체라고 하는 기사 세 명이 있는데, 우리가 승리를 얻기 위해서는, 즉 하늘나라에 도달하기 위해서는 이 기사들과 싸우지 않으면 안 된다.

두 번째 도시, 즉 북쪽에 있는 도시는 지옥인데, 이 도시에 관해서는 성서가 "모든 사악함은 북쪽에서 나온다."라고 말한다. 물론 이 도시로 인도하는 길은 넓고 평평하며 길 양쪽에 각종 즐거움이 늘어서 있다. 그래서 수많은 사람들이 이 길을 걸어간다. 여기서 사람들에게 필요한 것을 모두 제공해 주는 세 명의 기사는 오만, 탐욕, 육체의 욕망인데, 사악한 사람은 이 세 기사를 크게 반긴다. 그런데 세 기사는 그를 결국 지옥으로 데리고 가는 것이다.

지혜로운 기사는 영혼을 의미하고, 어리석은 기사는 육체를 의미한다. 육체는 언제나 어리석어서 사악한 짓을 일삼으려고만 한다. 영혼과 육체는 여행길의 동료들이고 둘이 합쳐져서 하나를 이룬다. 왜냐하면 둘은 각각 상대방의 피를 마셨기 때문이다. 따라서 둘은 심판의 날이 지나면 똑같은 술잔에 담긴 술을 마실 터인데, 기쁨과 고통 가운데 한 가지가 그들의 몫이 될 것이다.

영혼은 참회의 길을 선택하고, 육체에게도 있는 힘을 다 해 자기를 따르라고 권고한다. 그러나 육체는 내세의 일을 조금도 고려하지 않기 때문에 현실의 쾌락을 추구하고, 참회의 기쁨을 멀리한다. 그 결과, 사람이 죽은 뒤에 영혼은 지옥에 떨어지고 육체는 구덩이, 즉 무덤에 처박힌다.

이윽고 나타나는 재판관은 심판의 날에 인류 전체를 심판하러 오시는 우리 주 예수 그리스도이시다. 그 때 영혼은 육체에 대해서, 육체는 영혼에 대해서 서로 비난할 것이다. 그러나 저판관은 기도나 뇌물 따위로 속아넘어가지 않을 것이다. 그는 연약한 육체를 추종했다고 해서 영혼을 처벌하고, 또한 영혼의 말을 믿지 않았다고 해서 육체를 처벌할 것이다.

그러므로 주님의 뜻을 따르기 위해서는 우리가 육체를 엄격하게 통제해야만 한다. 그러면 영원한 생명을 얻을 것이다.

02

로마제국의 유일한 유산인
거룩한 나무

· · · · ·

옛날 로마에 세력이 강성한 황제 안셀무스가 살았다. 그가
가문의 상징으로 사용하던 문장은 붉은 장미 다섯 송이가 새
겨지고 은으로 만들어진 방패였다. 황제에게는 아들이 셋이
있었는데 그 아들들을 끔찍이 사랑했다.

로마황제는 오랫동안 이집트 왕과 전쟁을 하고 있었는데,
그 전쟁 때문에 나라의 모든 재산을 소모해 버리고 남은 것
이라고는 거룩한 나무 한 그루뿐이었다. 어느 날 황제가 이
집트 왕과 전투를 치른 후 매우 심한 상처를 입고 말았다. 전
투에서 승리를 거두기는 했지만 너무 심한 중상을 입어 머지
않아 죽게 될 황제는 맏아들을 가까이 불러 말했다.

"이 세상에서 내가 가장 사랑하는 아들아, 로마제국의 모
든 재산은 사라졌고, 이제 남은 것은 내 제국의 한가운데에
서있는 거룩한 나무 한 그루뿐이다. 그래서 네게 물려줄 것

이라고는 그 나무가 서있는 곳의 지하와 지상에 있는 것이 전부다."

맏아들은 말했다.

"존경하는 아버님, 대단히 감사합니다."

그러자 황제는 맏아들에게 둘째 아들을 불러들이라고 말했다. 맏아들은 아버지의 유산에 대해서 크게 기뻐했고, 자기 동생을 불러서 아버지 방으로 들어가라고 말했다.

황제는 둘째 아들을 보며 말했다.

"사랑하는 내 아들아, 로마제국의 모든 재산은 사라졌고, 이제 남은 것은 내 제국의 한가운데에 서있는 거룩한 나무 한 그루뿐이다. 그래서 내가 네게 물려줄 것이라고는 그 나무에서 나오는 모든 큰 것과 작은 것뿐이다."

둘째 아들은 말했다.

"존경하는 아버님, 대단히 감사합니다."

이윽고 황제는 셋째 아들을 불러 말했다.

"사랑하는 내 아들아, 나는 깊은 상처 때문에 곧 죽을 운명이다. 내게 남은 것이라고는 거룩한 나무 한 그루뿐이라서 이미 네 두 형에게 각각 자기 몫을 유산으로 주었다. 그래서 네게도 바로 그 나무의 젖은 것과 마른 것을 모두 주겠다."

셋째 아들은 황제에게 감사하다고 말했다.

유언을 마치고 난 황제는 곧 세상을 떠났다. 그러자 맏아들이 즉시 그 나무를 차지했다. 둘째 아들이 소식을 듣고는 항의했다.

"형님 혼자 이 나무를 차지하라는 법이 어디 있습니까?"

맏아들은 둘째 아들에게 말했다.

"이거 봐. 아버지는 이 나무가 서있는 곳의 지하와 지상에 있는 모든 것을 내게 주었어. 그러니까 이 나무는 내 것이다."

둘째 아들은 항변했다.

"형님은 모르시겠지만, 아버지는 이 나무가 뒤덮는 가로와 세로 그리고 깊이를 모두 내게 주었어요. 그러니까 저도 형님과 똑같이 이 나무를 차지할 권리가 있단 말입니다."

그런 다툼 이야기를 들은 셋째 아들이 나타나서 말했다.

"세상에서 가장 사랑하는 형님들, 두 분은 이 나무 때문에 서로 싸울 필요가 조금도 없어요. 왜냐하면 저도 두 분과 똑같은 권리가 있거든요. 그것은 가장 마지막에 한 유언이 유효하다는 법이 있기 때문이지요. 다시 말하면, 아버지는 이 나무의 젖은 것과 마른 것을 모두 제게 주었습니다. 따라서 이 나무는 제 것이지요.

그러나 형님 두 분의 말도 옳고 또 제 말도 옳은 데다가 우리 형제끼리 싸움이나 불화를 일으키는 것은 바람직하지 않은 일이니, 제 생각에는 정당한 논리에 따라서 결말을 짓는 것이 좋겠어요.

자, 우리 셋이 지혜의 왕에게 함께 가서 우리 각자의 권리를 주장하고, 그분이 내리는 판결에 따릅시다."

맏아들과 둘째 아들은 막내의 말이 옳다고 찬성했다. 그래서 세 왕자는 지혜의 왕을 찾아가서 각자 자기 권리를 주장했다.

지혜의 왕은 그들의 주장을 다 듣고 난 후에 말했다.

"이제 너희 셋의 주장을 모두 들어주겠다."

그리고는 먼저 맏아들에게 말했다.

"내 판결을 원한다면 당장 네 오른팔을 찔러서 피를 흘려라."

맏아들은 대답했다.

"명령에 따르겠습니다."

왕이 즉시 훌륭한 의사를 불러오게 한 뒤 맏아들의 팔에서 피가 흐르게 하라고 지시했다. 맏아들의 팔에서 피가 흘러나올 때 왕이 세 왕자에게 물었다.

"너희 아버지는 어디에 묻혀 있는가?"

셋이 그 장소를 가르쳐주었다.

그러자 왕은 그곳의 무덤을 파서 시체의 갈빗대를 하나 꺼내고 시체를 다시 묻으라고 명령했다. 왕의 명령이 시행되어 왕궁의 하인들이 갈빗대를 꺼내 오자, 왕은 그 갈빗대를 맏아들의 피가 고인 곳에 충분히 오랫동안 담가 두었다가 햇볕에 말리고 나서 맑은 물로 씻으라고 지시했다. 뼈를 맑은 물로 씻으니 피가 말끔히 사라지고 말았다.

그것을 본 왕이 둘째 아들에게 말했다.

"네 형과 마찬가지로 너도 오른팔에서 피를 흘려라."

둘째 아들도 왕의 명령에 따랐다. 갈빗대가 둘째 아들의 피에 담겨지고, 왕궁의 하인들이 그 뼈를 맑은 물로 씻자 피가 모두 사라졌다.

이윽고 왕은 셋째 아들에게도 팔에서 피를 흘리라고 말했다. 막내아들도 역시 왕의 명령에 따랐다. 갈빗대가 막내아들의 피에 담겨지고, 왕궁의 하인들이 맑은 물로 그 뼈를 씻었다. 그러나 아무리 씻어도 뼈에서 피가 씻겨져 내려가지 않고 뼈는 여전히 붉은 색으로 남았다. 그것을 본 지혜의 왕이 막내아들에게 말했다.

"이 피야말로 바로 이 뼈에 처음부터 들어있던 피가 분명하니 네가 정당한 아들이고, 네 두 형은 사생아들이다. 그러므로 이 거룩한 나무를 영원히 네게 주겠다."

🌿 장미 다섯 송이가 새겨진 방패를 가진 로마황제는 인류를 구원하기 위해 십자가에서 돌아가실 때 손발과 옆구리 등 다섯 군데에 상처를 입으신 예수 그리스도를 의미한다. 장미가 상처를 상징하는 이유는 그리스도의 상처가 세상의 그 어느 꽃보다도 아름답고 찬란하기 때문이다.

그리고 이집트의 왕은 악마를 의미한다. 그리스도께서는 평생 동안 악마와 싸우셨고, 마침내 인류를 위해서 악마에게 살해되셨기 때문이다.

또한 그리스도께서는 살해되시기 전에 세 아들에게 유언을 하셨다.

맏아들은 권력가들 그리고 엄청난 재산을 가진 사람들을 의미하는데, 이들은 자기 처지에 만족하지 못한 채 다른 사람들의 재산을 탐내고 권력을 더욱 증가시키려고 날뛴다.

둘째 아들은 세상을 살아가는 잔꾀에 밝은 사람들인데, 이들은 모든 것을 얻으려다가 모든 것을 잃고 만다.

셋째 아들은 그리스도를 믿는 모든 선량한 영주, 귀족, 관리, 백성들을 의미하는데, 이들은 야망과 탐욕을 버리고, 하늘의 섭리가 내려준 자기 재산에 만족하고, 자기 직업에 충실하게 일하며, 모든 사람에게 선행을 베푼다.

또한 세상에서 자주 부당한 대우를 받고, 가난과 고통을 겪으며, 위로보다는 근심에 젖는 일이 많고, 추의와 더위에 시달린다고 해도, 이

25

들은 거룩한 나무를 유산으로 받기 위해서 이 모든 시련을 감사하는 마음으로 기꺼이 견디어 낸다.

이 거룩한 나무는 낙원의 나무, 즉 하늘 나라의 영원한 기쁨이다. 이 나무는 우리 모두에게 주어지는 것이지만, 각자 받은 주님의 은총의 분량에 따라서 어떤 사람은 큰 나무를, 어떤 사람은 작은 나무를 받는다.

그렇다고 해서 모든 사람이 누구나 이 나무를 받는 것은 아니고, 정당한 논리의 왕, 즉 모든 것을 아시고 모든 것을 창조하신 하늘나라의 아버지 앞에 나아가야만 받는 것이다.

맏아들은 피를 흘렸고, 그 피는 뼈에서 씻겨내려 갔다. 이 뼈는 그리스도의 공로에 대한 우리의 강한 신앙을 의미한다. 그리고 피는 그 신앙에서 나오는 선행의 활기차고 유익한 즙을 말한다.

이 선행의 즙은 남을 해치고 속이면서 자기 혼자만 잘 살려고 날뛰는 사람들에게서는 찾아보기 어렵다. 이런 사람들이 주님의 정의의 날카로운 창에 찔려 피를 흘리는 경우, 그들의 신앙은 은총으로 생겨나고 외부적 고백이라는 햇볕으로 말려진다고 해도, 그리스도의 공로에 대한 강한 신앙의 물이 아니라 오만, 악의, 시기, 분노 등의 물로 씻겨지기 때문에 처음부터 신앙이 없었던 것과 같아지고, 선행의 활기찬 즙이 거기 머물 수가 없어서 사라지고 만다. 맏아들과 둘째 아들의 경우가 이와 같다.

그러나 막내아들의 경우는 이와 반대다. 왕이든, 왕자든, 귀족이든, 고위관리든, 일반 백성이든, 자기 직업과 일상생활에 충실하기 때문이다.

이러한 사람은 확고한 신앙을 가슴속에 지니고 다른 사람들에 대해서도 신뢰한다. 싱싱한 열매를 맺는 그의 뼈와 피는 자기 자신과 다른 모든 사람에게 유익한 것이고, 사악함의 물로 씻겨져 내려가는 법이 절대로 없다. 오히려 고된 시련의 햇볕으로 말려지면 말려질수록 그의 뼈와 피는 더욱 진실한 것이 된다.

이러한 주님의 참된 자녀에 대해서 우리 주님께서는 이렇게 말씀하신다.

"나를 위해서 모든 것을 버린 너희, 다시 말하면 죄를 지으려는 마음을 모조리 버린 너희는 백 배의 보상을 받을 것이다. 또한 너희는 낙원의 나무뿐만 아니라 하늘나라의 유산도 받을 것이다."

맏아들과 둘째 아들은 사생아들이다. 왜냐하면 그들은 세례를 받을 때 선한 생활을 약속했음에도 불구하고 사악한 생활을 하여 그 약속을 저버렸기 때문이다.

따라서 하늘나라의 기쁨을 얻기를 원하는 사람이라면 항상 착하게 살고 훌륭한 태도를 유지해야만 한다. 그러면 그리스도께서 그에게 낙원의 나무를 주실 것이다.

03

자기 새끼를 구출한
어미 타조

• • • • •

    옛날 로마에 디오클레시아누스라고 하는 고결한 황제가 살았다. 그는 세상의 모든 재산과 보물은 거들떠보지도 않고, 자선의 미덕을 가장 사랑했다. 그래서 더 많은 자선을 베푸는 방법을 깨닫기 위해 그는 어떤 종류의 새가 자기 새끼를 가장 극진하게 사랑하는지 알아보려고 했다.

    어느 날 황제가 산책을 하다가 숲속으로 발걸음을 옮기게 되었는데, 우연히 어마어마하게 큰 새, 즉 타조의 보금자리를 발견했다. 그래서 황제는 새끼 타조를 한 마리 잡아서 왕궁으로 돌아와 그 새끼 타조를 유리로 만든 새장에 가두어 두었다.

    그러자 어미 타조가 황제의 뒤를 따라 왕궁까지 이르러 새끼 타조가 갇힌 새장으로 달려갔다. 그러나 어미 타조는 자기 새끼를 뻔히 바라보면서도 새장에서 구출할 수가 없다는 사실을 깨닫자 숲으로 되돌아갔다.

　사흘이 지난 뒤에 어미 타조가 드디어 왕궁으로 다시 돌아왔는데, 입에는 벌레 한 마리를 물고 있었다.

　어미 타조가 그 벌레를 새끼 타조가 갇힌 유리 새장 위에 떨어뜨리자 벌레가 떨어지는 힘으로 유리가 깨지고, 새끼 타조가 새장에서 나와 어미 타조와 함께 숲으로 달아났다.

　그것을 본 황제는 자기 새끼를 구출하기 위해 열심히 일한 어미 타조를 몹시 칭찬했다.

🌿 이 황제는 하늘나라의 아버지를 의미한다. 그분께서는 완전한 사랑과 자선을 실천하는 사람들을 뜨겁게 사랑하신다.

숲에서 잡혀서 유리 새장에 갇힌 새끼 타조는 우리 조상 아담을 의미한다. 그는 낙원에서 추방되어 유리 새장, 즉 지옥에 갇힌 것이다.

어미 타조는 하늘나라의 아버지의 아들인데, 하늘에서 지상의 숲으로 내려와서 사흘 이상을 지상에 머물렀다. 그는 벌레를 한 마리 가지고 있었는데, 이 벌레는 시편 작가가 "저는 사람이 아니라 벌레입니다."라고 말한 것과 같이 인간성을 의미한다.

인간이 된 하늘나라의 아버지의 아들은 유태인들의 나라에서 살해되었고, 그분의 피가 유리 새장의 영원한 벽을 깨버렸다. 그 결과 새끼 타조, 즉 아담이 구출되어 어미 타조, 즉 하늘나라의 아버지의 아들과 함께 하늘나라로 돌아간 것이다.

04

약초로 아내의 생명을
구한 철학자

• • • • •

옛날 로마에 매우 유능하고 지혜로운 황제가 는데, 그에게
는 세상에서 더없이 아름다운 딸이 있었다. 어느 날 황제는
자기 딸을 누구에게 시집 보내야 좋을까 생각하면서 말했다.

"어리석은 부자에게 딸을 준다면 내 딸은 신세를 망칠 것
이다. 그러나 가난하지만 지혜로운 남자에게 딸을 준다면,
그의 지혜를 활용해서 집안을 잘 꾸려나갈 것이다."

그 무렵 로마에는 소크라테스라고 하는, 가난하지만 지혜
로운 철학자가 살고 있었다. 그 철학자가 황제를 찾아가서
말했다.

"폐하, 한 가지 부탁을 드릴 것이 있습니다."

황제가 말했다.

"무슨 부탁이라도 좋으니 말해 보라."

그러자 소크라테스가 말했다.

"폐하의 딸을 제 아내로 맞이하는 것이 제 평생 소원입니다."

그 말에 황제가 대답했다.

"내 딸을 네게 아내로 주는 데는 한 가지 조건이 있다. 즉 결혼한 뒤에 내 딸이 먼저 죽는다면 반드시 네 목이 잘릴 것이다. 그래도 좋은가?"

"그런 조건이라면 제가 기꺼이 받아들이겠습니다."

이윽고 황제는 로마제국의 모든 신하를 불러모아 성대한 결혼식을 올린 다음 잔치를 베풀었다. 잔치가 끝나자 소크라테스가 황제의 딸을 자기 집으로 데리고 가서 오랫동안 건강하고 평화롭게 살았다.

많은 세월이 흘러 황제의 딸이 병이 들어 죽을 때가 머지 않았을 때 소크라테스는 탄식하며 말했다.

"맙소사! 어쩌면 좋단 말인가? 황제의 딸인 내 아내가 죽은 뒤에 나는 어디로 달아나야 한단 말인가?"

슬픔에 잠긴 소크라테스는 가까운 숲속으로 들어가서 엉엉 소리내어 통곡했다. 얼마 후 한 노인이 지팡이를 짚고 그에게 다가와 왜 그토록 구슬프게 통곡하는지 사연을 물었다. 소크라테스는 대답했다.

"저는 황제의 딸과 결혼했는데, 아내가 먼저 죽을 경우 제 목숨도 없어진다는 조건 아래 결혼한 것입니다. 그런데 제 아내가 병이 들어 죽게 되었지만, 저는 그녀를 살려낼 힘도 약도 없습니다. 그래서 이 세상의 그 누구보다도 처량한 제 신세를 한탄해서 우는 겁니다."

그러자 노인이 말했다.

"내가 시키는 대로만 한다면 아무 염려가 없으니 이제 그만 슬퍼하시오. 이 숲속에는 세 가지 약초가 있는데, 한 가지로는 마시는 즙을 만들고, 다른 두 가지로는 알약을 만드시오. 당신 아내가 이 약들을 적절한 시간에 복용한다면 건강을 완전히 회복할 것입니다."

소크라테스는 노인이 가르쳐준 대로 충실히 약을 만들어서 아내에게 먹였다. 그러자 얼마 지나지 않아 그의 아내는 병이 씻은 듯이 나아버렸다.

자기 아내를 살려내기 위해서 소크라테스가 지혜롭게 행동했고, 또 열심히 노력했다는 사실을 전해 들은 황제는 그에게 대단히 높은 관직을 주었다.

이 황제는 우리 구세주 예수 그리스도이고, 더없이 아름다운 딸은 주님의 모습에 따라 창조된 영혼이다. 영혼이 더럽혀지지 않고 자신의 순결을 유지하는 동안에는 주님과 하늘의 천사들의 눈에 더없이 아름답고 영광스럽게 보인다.

이러한 영혼을 주님께서는 부자에게 주려 하시지 않고, 오히려 땅의 불꽃으로 만들어진 가난한 사람에게 주려고 하신다.

소크라테스는 가난한 사람을 의미한다. 즉 사람은 누구나 발가벗고 가난한 상태로 태어나는데, 태어나는 순간에 영혼을 받는 조건은 그 영혼이 중대한 죄 때문에 먼저 죽는다면 자기 자신도 영원한 생명을 반드시 잃어버린다는 것이다.

그러므로 누구나 자기 아내인 영혼이 연약한 육체 때문에 죄라는 병에 걸려서 죽게 되면, 소크라테스가 한 것처럼 숲속으로, 즉 그리스도의 교회 안으로 들어가야만 한다. 그러면 지팡이를 짚은 노인, 즉 훌륭한 성직자를 만나서 건강을 회복하는 세 가지 약을 얻을 것이다.

첫 번째 약은 자신의 죄를 인정하는 것이고, 두 번째 약은 참회이다. 세 번째 약은 하느님의 뜻에 따라서 자기 생활을 개선하는 것이다. 죄인이 이 약들을 복용한다면 그는 반드시 건강을 회복하고 그 영혼은 죄에서 구출될 것이며, 영원한 생명을 얻을 것이다.

05

세상에서 가장 어리석은 바보

· · · · ·

옛날에 프레데릭이라고 하는 매우 강력하고 지혜로운 황제가 로마를 다스리고 있었다. 황제는 외아들을 세상의 그 누구보다도 더 사랑했다. 죽음을 바로 눈앞에 둔 어느 날 황제가 외아들을 불러서 말했다.

"사랑하는 아들아, 엄청나게 큰 황금 구슬이 내게 하나 있는데, 너를 축복하면서 이것을 유산으로 주겠다. 내가 죽으면 네 눈에 가장 어리석게 보이는 바보에게 이 구슬을 주어라."

아들은 그렇게 하겠다고 다짐했다.

왕이 죽자 외아들은 아버지의 유언을 충실히 시행하려고 즉시 수많은 나라를 차례로 방문하면서 수많은 무모한 바보들을 만났다.

그러나 가장 어리석은 바보는 만나지 못하고 고생 끝에 어느 왕국에 이르렀는데, 그곳에는 이상한 법이 있었다. 즉 거기서는 매년 왕을 선출하고, 왕은 오로지 일 년 동안만 그 나라를 다스린 다음, 해가 바뀌기 직전에 자리를 내어놓고는 섬으로 유배를 가서 비참하게 죽어야만 하는 것이다.

로마황제의 아들이 그곳에 도착했을 때, 마침 성대한 예식 후에 새로운 왕이 선출되었다. 온갖 악기가 연주되는 가운데 새로운 왕이 극진한 영접과 존경을 받으면서 옥좌로 인도되었다. 황제의 아들은 그 왕을 보고 다가가서 정중하게 인사를 올린 다음 말했다.

"저는 아버지의 유언에 따라 이 황금 구슬을 폐하에게 바칩니다."

새로 즉위한 왕이 물었다.

"엄청나게 큰 이 황금 구슬을 내게 바치는 이유를 설명해 주시오."

그러자 황제의 아들이 대답했다.

"로마황제인 제 아버지는 자기 유언을 제대로 시행하지 않는다면 자기 축복을 거두겠다고 하면서, 세상의 바보 가운데 가장 어리석은 바보를 발견해서 이 구슬을 주라고 제게 명령했습니다. 저는 수많은 왕국들을 돌아다녔고 수많은 바보들을 만났지만, 폐하보다 더 어리석은 바보는 본 적이 없기 때문에 이 구슬을 폐하께 바치는 것입니다.

폐하는 이 나라를 오로지 일 년 동안만 다스린 다음 섬으로 유배를 가서 비참하게 죽어야만 한다는 사실을 잘 알고 있습니다. 겨우 일 년 동안 왕 노릇을 하고 나서 스스로 목숨을 버리겠다고 하는 폐하야말로 세상에서 가장 어리석은 바보이기 때문입니다. 따라서 이 황금 구슬을 폐하께 바치는 것입니다."

새로운 왕은 그를 바라보며 말했다.

"네 말이 옳다. 내가 이 나라의 모든 실권을 장악하고 나면 엄청난 재산과 보물을 먼저 그 섬으로 보낼 것이다. 그래서 내가 자리에서 물러나 유배를 간 뒤에도 목숨을 잃지 않고 비참한 죽음을 면하고 편안하게 살 수 있도록 준비할 것이다."

새로운 왕은 자기 말대로 실천했다. 일 년이 지나서 유배를 당한 뒤에도 그는 미리 섬으로 보내두었던 재산으로 편안하게 살다가 행복하게 죽었다.

🌿 이 황제는 하늘에 계시는 우리 아버지이고, 커다란 황금 구슬이란 오로지 지상의 재산과 출세에 눈이 어두운 바보들과 천치들에게 그분께서 제시하시는 현세의 재물이다.

황제의 아들은 복음을 전파하는 성직자인데, 그는 수많은 나라를 돌아다니면서 신앙이 모자라는 사람들과 바보들에게 위험을 깨우쳐 주려고 한다.

어떠한 왕이라도 일 년 이상은 다스릴 수가 없는 왕국은 바로 이 세상을 말한다. 왜냐하면 아무리 100년을 살았다 해도, 죽음의 순간에 이르면 누구나 한 시간 밖에 살지 못했다고 느끼기 때문이다.

그러므로 우리는 누구나 새로운 왕이 한 행동을 본받아야만 한다. 즉 이 세상에서 우리는 보물을 모아서 미리 비축해 두어야만 하는데, 여기서 말하는 보물이란 그리스도의 공로와 말씀의 결실에 대한 확고한 신앙인 것이다. 그렇게 보물을 비축해 둔다면, 우리는 이 세상을 떠나 유배를 당한 뒤에도 편안하게 살 것이고 주님의 풍성한 자비와 영원한 생명을 얻을 것이다.

06

지하에서 발견한
대리석 저택의 보물

• • • • •

디오클레시아누스 황제가 로마제국을 다스리고 있을 때, 로마에 고결한 철학자가 한 명 살았다. 그 철학자는 재산을 털어서 초상화를 그리게 한 다음 로마 한복판에 세웠는데, 한쪽 팔을 내뻗고 손가락질을 하는 그의 손가락에는 라틴어 문구가 적혀 있었다.

'여기를 때려라.'

철학자의 초상화는 그가 죽은 뒤에도 오랫동안 그 자리에 서 있었다. 수많은 학자들이 와서 손가락에 쓰여진 그 문구를 읽어보았지만 아무도 무슨 뜻인지 알아내지 못했기 때문에 로마시민들이 몹시 궁금하게 여겼다.

그러다가 오랜 세월이 지난 뒤, 변두리의 먼 나라에서 로마에 온 학자가 '여기를 때려라.' 라고 손가락에 쓰여진 그 문구를 읽어보게 되었다.

어느 날 그 학자는 철학자의 손이 만드는 그림자를 보게 되었다. 그는 곡괭이를 집어든 다음 손의 그림자가 드리워진 땅바닥을 파기 시작했다. 그는 손가락에 쓰여진 문구의 뜻을 알아듣고 그대로 행동한 것이다.

마침내 그는 지하에 대리석으로 지어진 저택을 발견하고 안으로 들어가 커다란 홀에서 어마어마한 분량의 보물을 발견했다. 각종 보석과 금은 집기가 산더미처럼 쌓여 있었다. 그는 그렇게 많은 보물을 여태껏 본 적도 없었고 그런 보물에 관해 들은 적도 없었다. 한가운데 놓인 긴 식탁은 식탁보가 덮여 있고, 식사 때 사용하는 황금 식기들이 즐비하게 놓여 있었다.

그리고 사방을 둘러보니 홀 한쪽에 홍옥으로 만든 창문이 달렸는데, 그 창문을 통해서 들어오는 빛이 온 집안을 환하게 비추고 있었다. 또한 홍옥의 창문 반대편에는 화살을 메긴 활을 손에 든 사내가 우뚝 서 있었는데, 금방이라도 화살을 쏘아댈 자세였다.

변두리의 먼 나라에서 온 그 학자는 그곳의 모든 광경을 보고 소스라치게 놀랐다. 그리고 속으로 이런 생각이 들었다.

'내가 밖에 나가 이 집 이야기를 해준다고 해도 내 말을 믿을 사람은 하나도 없을 것이다. 그러니까 증거로 삼기 위해

몇 가지 물건을 가지고 나가자.'

식탁 위에 놓인 황금 나이프가 눈에 띄어 그는 윗옷 안주머니에 집어넣었다. 바로 그 순간, 활을 든 사내가 화살을 쏘아 홍옥의 창문을 깨버렸고, 그 집 전체가 캄캄한 어둠 속에 잠기고 말았다.

사태를 알아차린 학자는 이 세상의 그 누구보다도 더 구슬프게 통곡했다. 왜냐하면 홍옥의 창문이 깨져버려서 온 집안이 캄캄해졌기 때문에 그는 바깥 세상으로 나가는 길을 발견할 수가 없게 되었던 것이다. 결국 그는 암흑 속에서 숨을 거두었고, 대리석 저택을 휩싸고 있는 그 어둠은 영원히 걷히지 않고 있는 것이다.

로마 시내 한복판에 서 있는 초상화는 악마인데, 그는 '여기를 때려라', 즉 하늘나라의 보물이 아니라 지상의 재산을 추구하라고 언제나 사람들에게 소리치고 있다.

곡괭이로 땅을 판 학자는 이 세상의 사악하고 영리한 사람들, 다시 말하면 일부러 법을 지키지 않는 권력층, 교활한 변호사들, 그리고 기타 사악하고 비열한 사람들을 의미한다. 그들은 수단과 방법을 가리지 않고 보물을 찾아내기 위해 쉴새없이 땅을 파는데, 세속의 환락을 발견하고 그것을 즐긴다.

집안을 비추는 빛이 통과하는 홍옥의 창문은 사람의 젊은 시절인데, 어리석은 사람들은 이 시절에 지상의 재물을 모으는데 열중한다. 활을 든 사내는 사람을 죽이려고 노리는 죽음이다. 그리고 황금 나이프를 주머니에 집어넣은 학자는 무엇이든지 자기 것으로 만들려고 탐욕을 부리는 속세의 인간 전부를 의미한다.

죽음이 홍옥의 창문, 즉 한 개인의 젊음과 체력과 정신력을 파괴해 버리면, 그는 죄의 어둠 속에 빠지고 그 어둠 속에서 죽는 경우가 흔하다. 그러므로 우리는 속세의 유혹과 그 탐욕을 피하는 방법을 연구해야 한다. 그러면 우리는 영원한 생명을 분명히 얻을 것이다.

07

죽은 기사의 무기

• • • • •

옛날 로마에 티투스라고 하는 강력하고 지혜롭고 탁월한 황제가 살았다. 어느 날 법을 공포하여 로마제국 안의 기사들은 누구나 죽은 뒤에 그의 무기와 함께 매장되도록 정했다. 또한 그렇게 묻힌 기사의 갑옷에 손을 대는 사람은 이유나 지위를 묻지 않고 모두 사형에 처한다고 규정했다.

그런 법을 공포한지 여러 해가 지난 뒤에 로마제국의 어느 도시가 황제의 적군에게 포위를 당했다. 그런데 그 도시에 사는 사람들이 전혀 방어전투에 나서려고 하지 않아 도시는 적에게 곧 함락될 위기를 맞이했다. 슬픔의 통곡소리가 온 도시를 뒤흔들었다.

마침내 도시가 적의 손에 넘어가기 직전 잘생긴 얼굴의 젊고 용감한 기사가 나타났다. 도시의 지도층은 그를 보자마자 그의 뛰어난 무술 실력을 알아보고 한 돈소리로 이렇게 소리쳤다.

"세상에서 가장 고귀한 기사여, 이 도시가 곧 적의 손에 떨어질 지경이 되었으니, 제발 우리를 파멸에서 구해 주십시오."

젊은 기사는 대답했다.

"여러분은 제게 무기가 하나도 없다는 걸 직접 봐서 알지 않습니까? 제게 무기가 있다면 기꺼이 이 도시의 방어를 위해서 싸우겠습니다."

그 말을 들은 지도층 가운데 한 사람이 귓속말로 기사에게 말했다.

"예전에 이곳에는 신분이 고귀한 기사가 한 명 살았는데, 죽은 뒤에 법률에 따라서 매장되었지요. 원하신다면 그 기사의 무기를 당신이 꺼내 가지고 이 도시를 방어하고 우리를 파멸에서 구해 줄 수가 있을 겁니다. 그렇게 하면 당신에게는 영광이 되고, 로마제국 전체로서는 큰 이익이 될 겁니다."

젊은 기사는 죽은 기사의 무덤으로 가서 무기를 꺼내 스스로 무장을 한 뒤 용감하게 적과 대항해서 싸웠다. 드디어 승리를 거두어 그 도시를 파멸에서 구한 그는 무기를 다시 무덤에 집어넣었다.

그런데 젊은 기사의 승리에 대해서 심한 반감을 품고 시기하는 사람들이 그를 재판관에게 고발하며 말했다.

"황제가 정한 법에 따르면, 죽은 기사의 무기에 손을 대는 사람은 누구든지 사형에 처해진다고 되어 있습니다. 그런데 이 젊은 기사는 죽은 기사의 무덤에서 무기를 꺼내어 법을 어겼으니 재판을 해서 처벌해 주시기 바랍니다."

고발을 접수한 재판관은 젊은 기사를 잡아서 데려오라고 명령했다. 그리고 젊은 기사에게 법을 어긴 죄를 추궁했다. 그러자 젊은 기사는 대답했다.

"두 가지 잘못이 있다면, 그 두 가지를 비교해서 가벼운 쪽을 선택하라고 법에 정해져 있습니다. 이 도시가 함락될 위기에 있었다는 걸 모르십니까? 제가 죽은 기사의 무기를 꺼내들지 않았더라면, 당신들이나 이 도시를 구할 수가 없었을 겁니다. 그러니까 교수형에 처할 범인처럼 저를 잡아다가 뻔뻔스럽게도 비난할 게 아니라, 오히려 제 행동에 대해서 칭찬하고 포상하는 것이 더 마땅하다고 봅니다.

게다가 제 행동의 정당성을 보증해 주는 이유가 한 가지 더 있습니다. 남의 물건을 몰래 훔치거나 폭력으로 뺏는 사람은 그 물건을 주인에게 돌려줄 마음이 없는 법이지만, 제 경우에는 그와 반대였습니다. 즉 저는 여러분과 이 도시를 보호하고 구하기 위해서 죽은 기사의 무기를 꺼냈지만 승리를 거둔 뒤에는 그 무기를 원래 위치에 가져다 놓았으니, 죽은 기사는 법에 정한 대로 자기 무기를 되찾은 셈입니다."

재판관은 젊은 기사에게 물었다.

"도둑이 남의 집 담을 뚫고 들어가서 닥치는 대로 훔쳐서 달아났다가 그 물건들을 나중에 제자리에 돌려놓았다고 합시다. 그런 경우 남의 집에 침입한 죄는 죄가 안된단 말입니까?"

젊은 기사는 다시 대답했다.

"도둑의 침입도 때로는 유익합니다. 왜냐하면 도둑은 담의 약한 부분을 뚫고 들어가니까 집주인은 그 담을 더욱 튼튼하게 보강하게 되고, 그 뒤로는 도둑들이 담을 쉽게 뚫지 못해서 주인이 더 큰 손해를 면하기 때문입니다."

그러자 재판관은 말했다.

"남의 집의 침입이 설령 유익하다고 쳐도, 침입 자체는 결국 집주인에게 폭력을 행사한 것입니다. 따라서 당신이 죽은 기사의 무기를 가지고 좋은 일을 했다고는 하지만, 역시 죽은 기사의 무기를 꺼낸 짓은 옳지가 않습니다."

젊은 기사는 답변했다.

"두 가지 잘못 가운데 가벼운 것을 선택하라는 말을 이미 했습니다. 한 가지 잘못을 통해서 훨씬 더 큰 이익이 얻어진다면, 그 잘못은 잘못이 아니라 오히려 선행이라고 불러야 마땅합니다. 어느 도시 안에서 한 집에 화재가 발생하여 마구 타오를 때는 그 집과 근처의 몇 채 정도를 파괴해서 완전히 태워버리는 것이 나머지 집들을 화재의 위험에서 구하는 데 더 좋을 것입니다. 이와 마찬가지로 죽은 기사의 무기를 제가 꺼내지 않았다면 이 도시와 당신들 모두가 파멸하고 말았을 겁니다."

젊은 기사의 답변이 정당하고 이치에 잘 맞았기 때문에 재판관은 무죄를 선언했다. 그러나 젊은 기사를 고발했던 무리가 그를 살해해 버렸다. 그 도시의 모든 사람이 젊은 기사의 죽음을 슬퍼해서 목놓아 통곡했고, 새로 판 무덤에 그의 시체를 정중하게 묻었다.

　　🌿 이 황제는 하늘나라의 아버지이고, 도시는 악마와 중대한 죄악이 포위하고 있는 이 세상이다. 그리고 이 도시 안에 살고 있는 무수한 사람은 모두가 파멸의 위험에 처해 있다. 도시를 구하려고 나타난 젊은 기사는 우리 주 예수 그리스도다. 그분께서는 우리와 똑같은 인간성이라는 무기를 가지고 계시지 않았지만, 죽은 기사의 무덤, 즉 영광스러운 성모 마리아의 뱃속에서 죽은 기사의 무기, 즉 우리 조상 아담의 인간성을 얻게 되셨고, 도시, 즉 인류가 사는 이 세상을 십자가의 수난을 통해 구하셨다. 그리고 축복된 그분 몸이 무덤에 묻혔을 때 무기를 다시 무덤 안에 되돌려 놓으셨다.

　　그러나 시민들이 그분을 시기했다. 즉 유태인 지도자들이 그분을 로마제국의 빌라도 총독에게 범법자로 고발하였고, "그를 놓아준다면 총독은 로마황제의 친구가 아닙니다. 우리에게 율법이 있는데, 그는 율법에 따라 마땅히 죽어야만 합니다."라고 총독에게 말했다. 그래서 그분께서는 원수들 때문에 십자가에서 처형당하도록 판결을 받으셨고, 그분께서는 하늘나라로 올라가셨다.

08

간통하다가 잡힌 여자

· · · · ·

옛날 로마에 베톨디우스라고 하는 강력하고 지혜로운 황
제가 살았다. 그는 살아있는 남편을 둔 유부녀가 간통을 하
다가 잡히면 죽을 때까지 감옥에 갇혀 있어야만 한다는 법을
공포했다.

그 당시 어느 기사가 대단한 미인을 아내로 두고 있었다.
그런데 아이를 임신한 그 여자는 간통을 저질렀고, 남편이
살아 있었기 때문에 법에 따라 그 여자는 감옥에 갇혔다. 얼
마 지나지 않아 감옥 안에서 아들을 낳았는데, 그 아들은 무
럭무럭 자라 일곱 살이 되었고, 감옥에 갇힌 여자는 날마다
비통한 눈물을 흘리며 지내고 있었다. 어머니의 울음소리를
들은 아들이 물었다.

"엄마는 왜 그렇게 구슬프게 을지요? 도대체 무슨 일이에
요?"

그러자 여자가 대답했다.

"얘야, 난 구슬프게 통곡할 이유가 있단다. 너도 마찬가지로 슬퍼해야지. 왜냐하면 우리 머리 위에서는 사람들이 걸어다니고, 태양은 밝게 빛나며, 모든 사람들이 즐거운 생활을 하고 있는 반면, 우린 이 캄캄한 구석에 영영 갇혀 있을 뿐만 아니라 여긴 너무 캄캄해서 서로 얼굴을 쳐다볼 수도 없기 때문이다. 너를 잉태한 그날이 너무나도 원망스럽구나!"

그러자 아들이 말했다.

"엄마가 말하는 그런 기쁨과 빛을 전 아직 본 적이 없어요. 전 이 캄캄한 곳에서 태어났기 때문이지요. 그러니까 먹고 마실 것만 충분하다면 전 여기서 평생 잘 지낼 수가 있어요. 그러니 제발 이제 그만 울음을 그치고 저를 위로해 주세요."

때마침 위에서 지나가던 황제의 신하가 어머니와 아들 사이에 오가는 말과 그들의 통곡을 듣고는 몹시 동정하는 마음이 생겼다. 그래서 그는 황제 앞에 나아가 무릎을 꿇고 울면서 그 어머니와 아들을 감옥에서 구출해 달라고 자비를 간청했다. 이윽고 자비로운 영주인 그 황제는 석방을 명령했다.

그러나 만일 앞으로 다시 그런 죄를 짓는다면 그때는 두 배의 처벌을 받을 것이라고 경고한 뒤에 석방했다. 그 여자는 평생을 로마에서 보냈다.

이 황제는 하늘나라의 아버지인데, 그분께서는 유부녀, 즉 주님과 결혼한 영혼이 간통, 즉 우상숭배의 죄를 저지른다면 지옥이라는 감옥에 갇히고 만다는 법을 만드셨다. 그래서 죄를 지은 영혼은 빛, 즉 하늘나라의 기쁨으로부터 차단되어 있기 때문에 통곡할 중대한 이유가 있는 것이다.

먹고 마실 것을 원하는 아들은 이 세상의 연약하고 사악한 속물들인데, 이들은 하늘나라의 기쁨을 전해주는 성직자들에게 자기들이 이 세상에서 온갖 기쁨을 누리고 사는 한 하늘나라 따위는 필요가 없다고 말한다.

어머니와 아들의 말을 들은 황제의 신하는 우리 주 예수 그리스도인데, 그분께서는 죄를 뉘우치는 우리의 슬픈 마음속을 구석구석 다 알고 계셔서, 하늘나라의 아버지 앞에서 우리가 죄의 감옥에서 구출되어 영원한 생명을 얻을 수 있도록 간청하신다.

09

소경과 절름발이

· · · · ·

옛날 로마에 그 누구보다도 자비심이 많은 폼페이우스 황제가 살았다. 어느 날 로마제국 전체를 상대로 성대한 잔치를 베풀어 가난하거나 부자거나 모두 참석하라고 선포했다. 또한 잔치에 참석하는 사람은 누구나 마음껏 음식을 먹을 뿐만 아니라 선물도 푸짐히 받을 것이라고 선포했다.

전령들이 파견되어 각계 각층의 모든 사람이 잔치에 참석하도록 알리고 있을 때, 가난한 사람 두 명이 길가에 누워있었다. 하나는 절름발이고 또 하나는 소경이었다. 소경이 절름발이에게 말했다.

"우리 둘 다 팔자가 더럽구나! 황제께서 잔치를 베풀고는 누구든지 오면 마음껏 배불리 먹게 해줄 뿐만 아니라 선물도 많이 준다고 하는데, 우린 어쩌면 좋단 말인가? 난 소경이고 너는 절름발이니, 어쩔 도리가 없지 않느냐?"

그러자 절름발이가 소경에게 말했다.

"내게 좋은 생각이 있는데, 네가 그대로만 따라준다면 아무 걱정이 없을 거야. 난 절름발이고 몸도 약하니까 멀리 걸어갈 수가 없지. 그러나 볼 수는 있어. 그리고 너는 소경이라 볼 수는 없지만 몸은 튼튼해. 네가 나를 등에 업고 간다면 나는 올바른 길을 지시해 줄 수 있지. 이런 식으로 가면 우리 둘 다 황제의 잔치에 참석할 수 있을 거야."

그 말을 들은 소경이 말했다.

"자, 내 등에 업혀라. 나는 너를 운반하고 넌 내게 올바른 길을 지시하는 거야."

그래서 둘은 잔치에 참석했고, 다른 사람들과 더불어 풍성한 보상과 선물을 받았다. 그리고 남은 여생을 편안하게 보냈다.

이 황제는 우리 구세주 예수 그리스도이다. 그분께서는 잔치, 즉 하늘나라의 기쁨을 선포하셨고, 온 인류를 그 기쁨에 참석하라고 초대하시며, 자기에게 오는 사람은 단 한 명도 저버리지 않으신다.

절름발이는 복음을 전해주는 가난한 성직자들을 의미하는데, 이들은 속세의 모든 즐거움을 버린 채 주님의 섭리에 따라 살아가기 때문이다.

소경은 하늘나라로 가는 바른 길을 모르는 일반신자들을 의미한다. 소경이 절름발이를 업고 가는 것은 일반신자들이 성직자들의 생계를 유지해 주는 것이 의무라는 것을 의미한다. 반면에 성직자들에게는 일반신자들을 가르치고 하늘나라로 가는 바른 길을 알려주는 것이 그들의 의무이다.

하늘나라에서 우리는 잔치에 참석할 뿐만 아니라 막대한 보상과 기쁨을 얻을 것이다.

10

공주를 강탈해 간 백작

• • • • •

옛날 로마에 아지아스라는 고귀한 황제가 살았다. 제라르라는 기사가 그를 섬겼다. 제라르는 그 누구보다도 용감하고전투에 나서면 사자처럼 싸우는 기사였지만, 황제의 궁전에서는 어린양처럼 온순했다.

이 로마황제에게 미녀인 공주가 있었는데, 넓은 영지와강력한 군대를 가진 팔레스테르 백작이 강제로 납치해 순결을 짓밟았다. 황제는 딸의 몸이 더럽혀진 사실보다도 강제로 납치당한 사실에 더 분노해서 모든 신하들을 모아놓고말했다.

"내 딸의 순결을 폭력으로 짓밟은 짓이 내게 얼마나 큰 모욕인가는 너희가 잘 알 것이다. 그래서 나는 백작과 전쟁을하기로 결심했으니 언제든지 나와 함께 전쟁에 나갈 수 있도록 준비하라."

신하들이 입을 모아 대답했다.

　"우리는 전쟁터에서 폐하와 생사를 같이 할 준비가 되어 있습니다."

　승부를 가리는 결전의 날 양쪽 군대가 만나서 무시무시한 전투가 벌어졌다. 황제의 군대는 전부 죽고 황제 자신마저 죽을 위기에 처했다.

　그러자 기사 제라르는 자기 몸으로 황제를 가린 채 적군과 용감하게 싸웠다. 그 틈을 타서 황제는 탈출했다. 그러나 제라르는 온몸에 수많은 상처를 입어 피가 발꿈치까지 줄줄 흘러내렸지만 꿋꿋하게 버티고 서서 싸워 마침내 백작을 죽였다.

　백작이 죽은 것을 본 적군이 달아났다. 기사 제라르는 부하들을 이끌고 적을 추격하여 황제의 딸이 있는 곳까지 진격해 공주를 구출한 후 황제에게 돌아갔다. 전쟁에서 승리를 거두고 황제의 딸을 구출한 그를 모든 사람이 크게 칭송했다.

　얼마 지나지 않아 이 기사가 황제의 법정에 고발되었다. 그래서 기사는 황제에게 가서 자기를 지지해 달라고 겸손하게 간청했다. 게다가 자신의 정당한 입장에 대해서 올바르게 판단해 달라고 요청했다.

　그의 말을 듣고 난 황제는 재판관을 한 명 불러서 말했다.

"이 기사를 정중하게 대하라. 그리고 겁에 따라 처리하기를 바란다."

그러자 기사가 큰 소리로 외쳤다.

"맙소사! 황제께서 이런 말을 하는 것을 도대체 누가 들어본 적이 있단 말인가? 지난번 전투에서 황제 폐하께서는 목숨을 잃을 지경에 이르렀고, 다른 사람이 아니라 바로 제가 몸을 던져서 폐하를 구출했습니다. 그런데 폐하께서는 이제 다른 재판관을 시켜서 저를 재판하라고 합니다. 폐하께서 탄생한 그날은 저주를 받은 날입니다."

그런 다음 기사는 옷을 모두 벗어버리고, 그곳에 있던 모든 사람들에게 전투에서 입었던 상처를 내보이며 황제에게 말했다.

"황제 폐하, 제가 폐하를 위해 입은 상처를 보십시오. 저는 대리인을 내세우지 않았는데도 폐하께서는 제 사건에 다른 사람을 재판관으로 세웠습니다. 저는 여태껏 이러한 군주를 섬긴 적이 없다는 것을 분명히 말해 두겠습니다."

기사의 말을 들은 황제는 몹시 당황해 하면서 말했다.

"네 말이 옳다. 너는 내 목숨을 구해주었고 내 딸을 다시 찾아 주었다. 또한 나를 위해서 수많은 상처를 입었다. 그러므로 내가 직접 재판관이 되어 네 사건을 재판하는 것이 옳다. 그래야만 네게 영광과 기쁨이 될 것이다."

이윽고 황제가 그 사건을 열심히 조사해서 기사가 원하는 대로 처리하자 모든 백성이 황제를 크게 칭송하였다.

이 황제는 모든 그리스도교 신자 또는 인류 전체를 의미한다. 사람에게는 누구나 주님의 모습을 따라 창조된 영혼이 있다. 백작 팔레스테르는 악마인데, 그는 사람이 선과 악을 아는 나무의 열매를 먹는 죄를 짓게 함으로써 그 영혼의 순결함을 짓밟았다.

따라서 강력하고 용감한 기사가 나타나 십자가 위에서 죽음으로써 악마의 손아귀에서 인류를 구출하시는 구세주가 될 때까지, 인류 전체는 노예의 굴레를 쓰게 되었다. 그 용감한 기사가 나타나지 않았더라면 우리는 영원히 악마의 노예가 되었을 것이다.

그런데 기사는 사람의 영혼을 구출해서 교회의 품에 돌려주었고, 자기 자신은 온 몸에 수많은 상처를 입었다. 우리 주 예수 그리스도를 의미하는 이 기사는 우리에게 완전한 생명을 찾아주는 것이 그의 임무다. 그래서 우리에게 항상 준비되어 있어야 한다고 날마다 주의를 촉구한다.

이것은 요한 계시록 제 3장에서 "보라, 내가 문 앞에서 문을 두드린다. 누구든지 그 문을 열어준다면 나는 안으로 들어가서 그와 함께 식사를 할 것이다."라고 말하는 것과 같다.

그러나 수많은 사람들은 황제와 똑같은 행동을 한다. 황제는 기사를 재판하는 데 있어서 자기 자신이 나서지 않고 다른 재판관을 내세웠던 것이다.

요즘에는 많은 사람들이 죄를 회개하지 않는다. 즉 우리를 위해 스스로 나서서 위험을 무릅쓰고 싸운 기사를 사랑하지 않는 것이다. 그러므로 은혜를 모르는 사람들에게 말해주고 싶다.

"보라, 그는 우리를 위해 십자가 위에서 수난을 당했고, 자신의 모든 옷을 망가뜨렸으며, 이제 우리를 위해 입은 모든 상처를 우리에게 내보여준다."

따라서 우리는 주님께 대한 사랑 때문에 회개의 눈물을 흘리도록 은총을 내려주시는 하늘나라의 아버지께 감사해야만 한다. 왜냐하면 주님께 대한 사랑 때문에 이 세상에서 고통을 당하는 사람은 백 배 이상의 보답을 받을 것이고, 영원한 생명 자체를 얻을 것이기 때문이다.

Chapter 2

탐욕의 구슬을 가지고 놀지 마라

· · · · ·

11

사랑을 위해 목숨을 버린 기사

● ● ● ● ●

옛날 로마에 프레데릭이라는 강력한 황제가 살았다. 그에게는 아들이 없고 오로지 딸만 하나 있었다. 황제는 죽을 때 로마제국을 그 딸에게 유산으로 주었다.

그것을 본 로마의 어느 후작이 이 젊은 공주에게 접근하여 사랑을 속삭였다. 그리고 공주가 죄를 짓도록 온갖 수단으로 유혹했다. 시간이 흐름에 따라 공주는 그 후작에게 마음이 쏠리게 되었고, 드디어 후작은 공주와 잠자리를 같이 하여 그 몸을 더럽히고 말았다. 그런 다음 공주의 유산을 가로채고 공주를 로마제국에서 추방해버렸다.

자기 신세를 한탄하고 목놓아 통곡을 하던 공주는 이웃 나라로 달아나서 눈물로 세월을 보내고 있었다.

어느 날 공주가 길가에 앉아서 통곡을 하고 있을 때, 잘 생긴 젊은 기사가 튼튼한 말을 타고 오다가 공주를 보고 급히 달려와서 정중하게 인사를 하고 난 뒤, 그토록 구슬프게 우는 이유가 무엇인지 물었다.

그러자 공주가 대답했다.

"저는 황제의 딸로 태어났는데, 아버지는 죽을 때 로마제국 전체를 제게 유산으로 주었지요. 왜냐하면 제가 무남독녀였기 때문입니다. 그런데 어느 후작이 저를 속이고, 제 처녀성을 더럽혔으며, 제 유산을 폭력으로 강탈하고 쫓아냈어요. 그래서 저는 하루하루 먹고살기 위해 길가에서 이렇게 구걸을 하고 있는 거예요. 그러니 어찌 통곡하지 않을 수가 있겠어요?"

젊은 기사가 말했다.

"저는 당신의 아름다움과 고귀한 인격에 반하고 말았습니다. 그러므로 당신이 제게 한 가지만 허락해 준다면 제가 후작과 싸워서 당신에게 승리를 가져다주겠습니다."

아름다운 공주가 대답했다.

"훌륭한 기사여, 제게 남은 것이라고는 이 한 몸뿐이니, 당신에게 드릴 것이 어디 있겠어요?"

젊은 기사가 말했다.

"당신 이외에는 다른 것은 하나도 바라는 게 없습니다. 당신이 제 아내가 되고 세상의 그 누구보다도 저를 사랑해 주겠다면 그것으로 충분합니다."

그러자 공주가 대답했다.

"기꺼이 그렇게 하겠어요. 할 수만 있다면 그 이상이라도 해드리겠어요."

젊은 기사가 말했다.

"그렇다면 한 가지 부탁이 있습니다. 즉 제가 당신을 위해 싸우다가 승리했더라도 혹시 죽게 된다면, 피가 흐르는 제 심장을 꺼내다가 당신 방의 대들보에 매달아주십시오.

이것은 두 가지 목적을 위한 것입니다.

하나는 제 심장을 볼 때마다 당신이 저를 위해서 울어달라는 것입니다. 또 하나는 어떤 남자든 당신을 사랑하게 되어 아내로 삼기를 원한다면, 그 때 당신은 즉시 당신 방으로 달아나서 피가 흐르는 제 심장을 바라보면서 마음속으로 이렇게 생각해 달라는 것입니다.

'이 심장의 주인인 기사는 나를 사랑했기 때문에 싸웠고 내 유산을 회복해 주었다. 그가 죽은 뒤에 내가 다른 남자를 남편으로 맞이한다는 것은 절대로 있을 수가 없다.'

아름다운 공주는 대답했다.

"존경하는 기사여, 이 모든 것을 지키겠다고 주님 앞에 맹세합니다."

그 말을 듣고 난 기사는 후작에게 달려가 싸워서 승리했다. 후작은 도저히 견딜 수가 없어서 달아났고, 공주는 로마로 돌아와서 유산을 다시 받게 되었다.

그러나 젊은 기사는 전투하다가 너무나도 심한 상처를 입어서 죽게 되었고, 그는 죽기 전에 공주에게 자신의 피 흐르는 심장을 맡기면서 약속을 지켜 달라고 부탁했다.

젊은 기사의 죽음을 알게 된 공주는 한없는 슬픔에 잠겨 목놓아 울었다.

그런데 젊은 기사의 심장에는 '그를 생각하라. 그가 당신에게 얼마나 큰 사랑을 베풀었는지 항상 기억하라.'는 문구가 정교하게 수놓여 있었다.

기사의 심장을 받은 공주는 즉시 자기 방의 대들보에 매달았고, 자주 그 심장을 쳐다보면서 비통한 눈물을 흘렸다.

얼마 후 로마제국의 신하들이 공주에게 몰려와 새로운 남편을 얻으라고 요청했다. 그럴 때마다 공주는 자기 방으로 달려가서 피가 흐르는 그 심장을 바라보며 구슬피 울면서 이렇게 혼잣말을 했다.

"당신은 저를 사랑했기 때문에 죽었고 제 유산도 되찾아주었어요. 당신 이외의 다른 남자를 제가 아내로 맞이한다는 것은 있을 수가 없어요."

공주는 자기에게 구혼의 손을 내미는 남자들에게 항상 똑같은 대답으로 거절했고, 그래서 모든 남자가 실망에 차서 돌아갔다. 공주는 편안하게 살다가 눈을 감았다.

이 황제는 하늘나라의 아버지이고, 황제의 딸인 공주는 사람의 영혼이다. 주님께서는 영혼을 자기 모습에 따라 창조하셨고, 낙원이라는 제국을 유산으로 주셨다. 그런데 후작, 즉 악마가 와서 공주에게 사과를 따먹는 죄를 짓도록 유혹하면서 말했다.

"사과를 먹고 나면 너는 신들과 동등하게 될 것이다."

따라서 주님의 계명을 어기면, 우리는 모두 낙원에서 추방당하여 이 지상으로 유배되고, 엄청난 고통 속에서 살아야만 하는 것이다.

그런데 잘 생기고 젊고 힘이 센 기사, 즉 우리 주 예수 그리스도께서 인류를 가련하게 여겨서 스스로 사람이 되시어 지상으로 내려오셨고, 악마와 싸워서 이기셨다. 그리고 그분께서는 우리에게 유산을 회복시켜 주셨다.

그러므로 우리도 젊은 공주를 본받아서 행동해야만 한다. 다시 말하면 피 흐르는 심장, 즉 그리스도의 수난의 정신을 우리 마음의 대들보에 매달고, 그리스도께서 우리를 위해서 흘리신 고귀한 피를 생각해야 하는 것이다.

누구든 우리를 죄로 유인하는 경우, 우리는 즉시 그리스도의 수난을 생각하고 이렇게 말해야만 한다.

"나를 위해 피를 흘리신 당신 이외에는 그 누구도 받아들이지 않겠습니다. 또한 그렇게 해서 영원한 생명을 얻겠습니다."

12

황제의 탄생일을
경축하지 않는 이유

· · · · ·

옛날 로마에 아폴로니우스라는 강력한 황제가 살았다. 그는 누구든지 황제의 탄생일을 성대하게 경축해야만 하고, 이를 어기는 자는 사형에 처한다는 법을 공포했다.

그리고 법을 공포한 그 날 밤에 비르질리우스라는 신하를 불러서 말했다.

"이 로마제국 안에는 내가 선포한 법을 어기는 고약한 무리가 많을 것이다. 그러므로 몰래 또는 공공연하게 법을 어기는 자를 내가 가려낼 수 있는 좋은 방법을 고안해 내라."

비르질리우스는 대답했다.

"황제의 명령에 기꺼이 따르겠습니다."

왕궁에서 물러나온 비르질리우스는 꾀를 내서 커다란 대리석 석상을 만든 다음 로마 시내 한복판에 내세웠다. 그리고 석상은 누가 법을 어기고 누가 어기지 않았는지를 황제의 부하들에게 고발했다.

그 무렵 로마에는 포쿠스라는 대장장이가 살았는데, 그는 돈을 한푼도 들이지 않은 채 황제의 생일을 경축하려고 했다. 어느 날 밤 잠을 자려고 침대에 누운 그는 법을 어겼다고 수많은 사람을 고발한 대리석 석상이 생각났다. 그 석상이 자기를 고발하지나 않을까 두려워 그는 잠자리에서 일어나 석상에게 가서 말했다.

"네가 나를 고발한다면 네 머리를 박살을 내겠다고 난 신에게 맹세했어."

그 말을 마치고 그는 집으로 돌아갔다.

다음 날 아침에 황제는 종전의 관례대로 석상에게 부하를 파견해서 누가 법을 어겼는지 알아오라고 지시했다. 그러자 석상은 황제의 부하들에게 말했다.

"눈을 들어서 내 이마에 새겨진 문구를 보시오."

석상의 이마에는 '세월은 변하고 사람들은 더욱더 악해진다.' 라는 라틴어 문구가 새겨져 있었다. 석상이 이어서 말했다.

"자기 머리가 박살이 날 지경인데 누가 진실을 말하겠습니까? 황제에게 가서 당신들이 보고 들은 그대로 보고하십시오."

황제의 부하들은 보고 들은 그대로 모두 황제에게 보고했다. 그러자 황제가 명령했다.

"너희는 완전 무장을 하고 석상에게 다시 가라. 그리고 석상을 해치겠다고 말하거나 위협한 사람을 발견하면 즉시 손발을 묶어서 내게 데려오라."

이윽고 황제의 부하들이 석상에게 다시 가서 말했다.

"당신을 위협한 사람이 있으면 솔직하게 말해 주십시오. 우리가 대신 복수해 주겠습니다."

석상은 대답했다.

"황제의 생일을 경축하지 않으려고 하는 자는 포쿠스입니다. 그러니 그를 체포하십시오."

황제의 부하들이 포쿠스를 잡아다가 황제 앞으로 끌고 갔다. 황제는 왜 법에 따라서 충성과 존경심을 바쳐서 황제의 생일을 경축하지 않으려고 했는지 심문했다. 그러자 대장장이가 대답했다.

"폐하, 제 해명을 끝까지 들어주시기 바랍니다. 만일 제가 전혀 조리에도 닿지 않는 말만 지껄인다면 제 목숨을 폐하의 처분에 기꺼이 맡기겠습니다."

"타당한 이야기라면 들어주겠다."

그러자 대장장이가 말했다.

"저는 날마다 8데나리우스의 돈이 필요한데, 날마다 죽어라 일하지 않으면 그 돈을 벌 수가 없습니다. 그러니까 황제의 탄생일을 다른 날보다 더 거룩하게 지내기가 불가능한 것입니다."

황제가 다시 물었다.

"어째서 매일 8 데나리우스의 돈이 필요하단 말인가?"

그러자 대장장이가 대답했다.

"저는 날마다 2 데나리우스를 갚고, 2 데나리우스는 빌려주고, 2 데나리우스는 또 빌려주고, 2 데나리우스는 제가 써야 합니다."

황제가 말했다.

"8 데나리우스에 관해서 좀 더 자세하게 설명해 보아라."

대장장이가 대답했다.

"아버지는 제가 어렸을 때 매일 저를 위해서 2 데나리우스를 썼기 때문에 이제 저는 매일 그 돈을 아버지에게 생활비로 드려서 갚아야만 합니다. 그리고 2 데나리우스는 아내에게 빌려주는 것입니다."

황제는 대장장이의 대답이 궁금해서 다시 물었다.

"아내에게 2 데나리우스를 빌려준다는 것은 무슨 말인가?"

대장장이는 황제를 바라보며 대답했다.

"아내란 남편에게 반대하거나 화를 펄펄 내거나 고약한 성미를 부려서 괴롭히기 일쑤니까 빌려주는 셈치고 그 돈을 주는 겁니다. 게다가 아들을 먹여살리기 위해서 2 데나리우스를 빌려주지요. 제가 늙어서 가난하게 되면, 제가 아버지에게 빚을 갚듯이 제 아들도 제게 매일 2 데나리우스를 갚게 하려는 겁니다. 또한 저는 제가 먹고 마시는 데 최소한으로 필요한 돈 2 데나리우스를 사용합니다."

그러자 황제가 말했다.

"너의 대답은 지혜롭고 논리에 딱 맞는 말이다."

그후 얼마 지나지 않아서 황제가 죽자 바로 이 대장장이 포쿠스가 황제로 선출되었다. 왜냐하면 그는 8 데나리우스의 돈을 그토록 지혜롭고 유익하게 사용했기 때문이다. 그래서 그는 편안하게 살다가 목숨을 거두었던 것이다.

🌿 이 황제는 우리 각자가 주일을 거룩하게 지내야만 한다는 법을 제정한 구세주 예수 그리스도이시다. 그리고 대리석 석상을 만든 비르질리우스는 성령이시다. 성령께서는 우리에게 성직자들을 보내서 가난한 사람에게나 부자에게나 똑같이 덕행을 가르치고 악행을 질책하게 하신다. 그러나 성직자가 어떤 사람에게 불리한 진리를 말한다면 그는 즉시 그리스도의 원수들, 즉 주님도 사람도 사랑하지 않는 사악한 무리로부터 위협을 받게 된다. 따라서 요즘 성직자들은 "세월은 변하고 사람들은 더욱더 악해진다. 자기 머리가 박살이 날 지경인데 누가 진실을 말하겠습니까?"라고 석상의 이마에 새겨진 문구를 되풀이한다.

결국 성직자들은 무장을 해야만 한다. 다시 말하면 타인에게 선행을 베풀고 덕행을 실천하는 생활을 통해서 훌륭한 모범을 보여야만 하는 것이다. 주님의 진리에 의지한다면 그들은 "주님께서 우리와 함께 있는데 누가 우리를 거슬러서 대적할 수 있겠는가?"라고 한 사도의 말과 같이 아무 것도 두려워할 필요가 없다.

대장장이 포쿠스는 착하게 살아가는 그리스도교 신자들을 의미한다. 그는 시간을 조금도 낭비하지 않고 언제나 열심히 일해서 육체적, 정신적 이익을 얻으며, 언젠가는 하늘나라의 황제 앞에 나아가는 것이다. 포쿠스가 자기 아버지에게 2 데나리우스를 매일 갚은 것처럼 우리도 하늘나라의 우리 아버지께 2 데나리우스, 즉 사랑과 존경을 바쳐야만 한다. 왜냐하면 우리가 비참한 노예상태에 놓인 자녀가 되어 이 지상에 살고 있는 동안, 전능하신 주님께서는 "이 세상을 몹시 사랑하신 나머지 세상을 구원하시기 위해 자기 외아들을 내려보내셨다."고 한 성 요한 사도의 말과 같이 우리를 구원해 주시려고 자기 아들을 지상에 파견하셨기 때문이다.

포쿠스가 자기 아들에게 2 데나리우스를 빌려주었는데, 이것은 신자라면 누구나 우리 주 예수 그리스도께 굳은 신앙과 많은 선행을 바쳐야만 한다는 것을 의미한다. 우리 주님께서는 심판의 날에 풍성한 자비로 우리에게 갚아 주실 것이며, 우리의 영혼과 육체가 영광을 입을 것이다. 그리고 "우리에게 어린아이가 태어났다."고 한 이사야 예언자의 말처럼 그분께서는 우리의 형제가 되신다.

포쿠스는 아내를 위해서 2 데나리우스를 소비했는데, 아내는 육체를 의미하고, 2 데나리우스는 법을 거스르는 사랑 그리고 죄를 짓는데 대한 동의를 의미한다. 왜냐하면 육체는 항상 영혼과 대립하고 영혼을 해치려고 하기 때문이다. 포쿠스는 또한 자기 자신을 위해서도 2 데나리우스를 사용했다. 1 데나리우스는 참회를 의미하는데, 참회를 통해서 영혼은 하늘나라의 커다란 기쁨과 영광을 얻는다. 또다른 1 데나리우스는 자기 삶의 개선을 위해 끈질기고 굳세게 노력하는 것을 의미한다. 끝까지 이러한 노력을 계속하는 사람은 구원을 받는다. 이렇게 2 데나리우스를 잘 사용한 사람은 영원한 생명을 얻는 것이다.

13

술값 때문에 소경이 된 사내

• • • • •

옛날 로마에 성품이 매우 고귀한 황제가 살았다. 그는 모든 덕행 가운데서도 특히 자비를 가장 사랑했다. 그래서 눈먼 소경에게 황제의 금고를 열어 각자에게 은화 100냥을 준다는 법을 공포했다.

어느 날 한 떼의 사람이 술집에 몰려와서 포도주를 마시게 되었다. 그들은 사흘 동안 술을 많이 마셨고, 그 결과 나흘째 되는 날에는 술집 주인에게 엄청난 빚을 지게 되었지만 술값을 지불할 돈이 한푼도 없었다. 그래서 주인은 그들이 술값을 다 지불할 때까지는 떠날 수가 없다고 말했다.

그러자 술꾼 가운데 한 명이 일어나 동료들에게 말했다.

"황제는 소경에게 각각 100냥을 자기 금고에서 지급한다는 법을 만들었다고 합니다. 그러니 우리가 제비를 뽑아서 한 사람의 두 눈을 멀게 만들고, 그를 황제의 궁전에 보내

100냥을 받아오게 합시다."

  그 말에 모두 찬성하고 크게 기뻐했다. 제비를 뽑은 결과 그 의견을 낸 바로 그 사람이 결정되었고, 나머지 사람들이 그에게 달려들어 두 눈을 멀게 만들었다. 소경이 된 그는 황제의 궁전에 간 다음 황제의 법에 따라서 100냥을 달라고 요청했다.

  황제의 돈을 관리하는 관리가 그에게 말했다.

  "이봐요. 당신은 지금 황제의 법을 잘못 이해하고 있는 겁니다. 왜냐하면 황제의 법이 도와주려고 하는 소경이란 질병 때문에 또는 주님의 뜻에 따라서 눈이 멀게 된 사람을 말하는데, 당신은 어제까지만 해도 술집에서 두 눈이 성했다 이겁니다. 그러므로 동료들이 있는 술집으로 다시 돌아가 내 말을 전하시오. 여기서는 단 한 푼도 받지 못할 거요."

  가련한 그 사내가 술집으로 돼돌아가서 동료들에게 관리의 말을 전했다. 그러자 술집주인이 그들에게 다가와서 옷을 모조리 벗기고 두들겨 패서 도시 밖으로 내쫓아버렸다. 수치스럽게도 발가벗긴 채 쫓겨난 그들은 두 번 다시 그곳에 나타나지 못했다.

이 황제는 우리 구세주 예수 그리스도신데, 자신의 보물창고를 열어 모든 소경에게 각각 100냥씩 주겠다는 법을 만드셨다. 소경이란 자신의 나약함 또는 악마, 세속, 육체의 유혹 때문에 죄를 짓는 죄인들을 의미한다. 죄인이 만일 진심으로 자기 죄를 회개한다면 그는 100냥의 보상, 즉 100배 이상의 기쁨을 얻을 것이다. 이에 관해서 성서는 '네가 만일 회개하고 죄를 끊어버린다면, 100배 이상의 기쁨과 영원한 생명을 얻을 것이다.' 라고 말한다.

술집에 와서 술을 마시는 사람들은 죄인들을 의미한다. 그들은 우리 원수인 악마의 술집에 자주 가서 육체적 쾌락이라는 악마의 술을 마신다. 다시 말하면 세례를 통해서 받은 은총을 술집에서 모조리 소모하거나 낭비해버린다. 악마는 그들의 마음을 황폐하게 해서 선행을 전부 포기하게 만든다. 그들이 제비를 뽑는 것은 스스로 죄의 습관에 빠지는 것을 말한다. 죄의 습관이라는 제비는 자비를 모르는 죄인에게 떨어지고, 그는 고의로 자기 눈을 멀게 한다. 스스로 소경이 된다는 것은 강압이나 유혹이 없었는데도 우리 주님을 배반한 유다와 같은 더러운 죄인이 된다는 것이다.

이들이 황제의 관리, 즉 교회의 성직자들 앞에 나아가서 보상금을 요구하는 것은 눈을 스스로 멀게 한 것보다 더 큰 죄가 된다. 그들은 죄를 끊어버리는 올바른 길에 들어서지 않았기 때문에 하늘나라의 기쁨을 쉽게 얻을 수가 없다. 영원한 생명은 구원을 받기 위해 겸손하고 소박하게 사는 모든 사람을 위해 보물창고에 저장되어 있는 것이다.

14

로마 공주에게 속은 헝가리 왕

• • • • •

옛날 로마에 필로미우스라는 강력한 황제가 살았다. 그에게는 아들이 없고 외동딸만 있었다. 아글라에스라는 이 공주는 젊고 우아한 미인이어서 보는 사람마다 부러워했다.

그때 황제의 궁전에서 근무하는 어느 점잖은 기사가 세상의 그 누구보다도 더 공주를 사랑하게 되었다. 그러던 어느 날 점잖은 기사는 공주와 이야기를 나누게 되었을 때 자신의 간절한 소망을 몰래 전달했다.

그러자 공주가 예의 바르게 대답했다.

"당신이 순수한 사랑을 고백했으니, 저도 제 마음 속에 간직한 비밀을 털어놓겠어요. 사실 저는 세상의 그 누구보다도 당신을 사랑하고 있답니다."

기사가 말했다.

"저는 예루살렘 성지를 순례할 작정입니다. 그러니까 제가 순례하는 7년 동안에는 절대로 다른 사람과 결혼하지 않겠다는 약속을 해주십시오. 오로지 저를 위해서만 7년이라는 긴 세월을 기다려 달라는 겁니다. 만일 제가 7년이 되는 날에도 돌아오지 못한다면, 당신은 제일 마음에 드는 다른 남자와 결혼해도 좋습니다. 또한 저도 7년 동안은 다른 여자와 결혼하지 않을 것을 맹세합니다.”

공주는 대답했다.

“이 계약은 제 마음에 꼭 들어요.”

그래서 두 사람은 약혼을 했고, 기사는 로마를 떠나서 성지순례의 길에 올랐다.

기사가 떠난 지 얼마 되지 않았을 때, 로마황제는 자기 딸을 헝가리 왕과 결혼시킨다는 조약을 그 왕과 맺었다. 헝가리 왕이 로마황제의 궁전을 방문해서 공주를 보고는 그녀의 아름다움과 착한 성품에 홀딱 반해버렸다. 결국 로마황제와 헝가리 왕은 공주가 동의한다는 전제 조건 아래 결혼문제에 관해서 완전히 합의했다.

이윽고 로마황제가 공주를 불러서 말했다.

“사랑하는 내 딸아, 네가 동의만 한다면 네 남편으로 왕을 골라주겠다. 그러니 네 생각은 어떤지 말해 보아라.”

그러자 공주가 대답했다.

“고마우신 말씀이지만 한 가지 부탁이 있어요. 주님을 사랑하신다면 제발 제 부탁을 들어주세요. 저는 7년 동안 오로지 주님께만 순결을 바치겠다고 맹세했어요. 그러니까 사랑하는 아버지, 저에 대한 아버지의 풍성한 사랑을 보아서라도 7년이 지나가기 전에는 어떠한 남자도 게 남편으로 지정하지 말아주세요. 7년이 지나면 아버지의 뜻에 무조건 따를 테니까요."

황제가 딸을 바라보며 말했다.

"7년 동안 네가 남편을 맞이하지 않겠다고 한다면, 네 맹세를 나는 깨뜨리고 싶지 않다. 그러나 7년이 지나고 나면 넌 헝가리 왕을 남편으로 삼아야만 한다. 알겠느냐?"

이윽고 로마황제는 헝가리 왕에게 서신을 보냈다. 자기 딸을 사랑한다면 7년을 기다려 달라는 요청과 함께 7년이 지나면 헝가리 왕의 소원이 틀림없이 이루어질 것이라는 내용의 서신이었다. 이에 대해서 헝가리 왕은 약속의 그날까지 기꺼이 기다려주겠다고 대답했다.

약속한 7년이 지나가기 하루 전날, 공주는 자기 방의 창문에 기댄 채 구슬피 울면서 이렇게 넋두리를 했다.

"이게 무슨 불행이란 말인가? 내일 아침까지는 사랑하는 내 님이 성지에서 이곳으로 다시 돌아오겠다고 약속했는데, 바로 내일 아침에 헝가리 왕이 우리 아버지가 한 약속에 따라 나를 아내로 맞이하기 위해 여기 올 예정이니 말이다. 내

님이 지정된 시각에 도착하지 않는다면, 그에게 바친 나의 진실한 사랑은 비참하게도 배신을 당하는 것이다."

다음 날 아침, 헝가리 왕이 로마황제에게 성대한 사절단을 미리 파견한 뒤에 자주색의 화려한 옷을 입고 나타났다. 왕이 말을 타고 로마로 가고 있을 때, 어디선가 갑자기 기사가 나타나서 왕과 나란히 말을 몰게 되었다. 그래서 왕이 기사에게 말했다.

"당신은 어느 나라 출신이고 어디로 가는 길입니까?"

기사가 왕에게 대답했다.

"저는 로마제국의 기사인데 성지순례를 마치고 이제야 여기 왔습니다. 그리고 당신을 위해 봉사할 준비가 되어 있습니다."

길에서 두 사람이 대화를 나누며 말을 몰고 있는 동안 갑자기 장대 같은 비가 퍼부어서 왕의 옷이 아주 볼품이 없어졌다. 그러자 기사가 왕에게 말했다.

"당신은 당신 집을 여기 가지고 오지 않았으니 참으로 어리석은 짓을 했습니다."

왕이 이렇게 대꾸했다.

"말도 안 되는 소리는 그만 두시오. 내 집은 거대하고 드넓으며 대리석과 역청으로 지은 것인데, 그런 집을 내가 어떻게 운반한단 말이오? 바보 같은 소릴 다 하는군."

그런 대화를 나누면서 가던 끝에 그들은 매우 깊고 넓은 강물에 이르렀다. 왕이 말에 박차를 가해서 강물로 뛰어들었으나 물에 빠져 죽을 지경에 이르렀다. 아무런 위험도 없이 건너편 언덕으로 건너간 기사가 왕의 급한 처지를 보고 말했다.

"당신은 어리석게도 위험에 빠졌습니다. 그것은 당신의 다리를 가지고 오지 않았기 때문입니다.'

왕이 대꾸했다.

"누굴 놀리는 건가? 내 다리는 석회와 돌로 만든 것이고 길이가 1킬로미터나 되는데, 내가 어떻게 그런 다리를 운반한단 말이오? 바보 같은 소린 그간 두시오."

기사는 왕에게 말했다.

"어쨌든 제 어리석음이 당신의 지혜에 도움이 되기를 바랍니다."

거기서 더 멀리 말을 몰고 간 다음 왕은 기사에게 몇 시인지 물었다. 기사는 대답했다.

"먹을 것을 조금이라도 가지고 있는 사람에게는 지금이 바로 그 음식을 먹을 시간입니다. 그러므로 잠시만 시간을 내서 저와 함께 식사를 해주십시오. 그렇게 하면 당신에겐 조금도 불명예가 되지 않을 뿐만 아니라, 제게는 이 로마제국 전체 안에서 더 없는 영광이 될 테니까 말입니다."

왕이 말했다.

"좋습니다. 기꺼이 식사를 함께 하겠소"

그들은 포도밭에 자리를 잡고 앉았다. 왕과 기사는 각자
가진 음식을 모두 꺼내서 함께 식사를 했다. 식사를 마치고
왕이 손을 씻고 나자 기사가 말했다.

"당신은 아버지와 어머니를 모시고 오지 않았으니 어리석
은 짓을 했습니다."

그러자 왕이 대꾸했다.

"말도 안 되는 소리 마시오. 우리 아버지는 돌아가셨고 어
머니는 나이가 너무 많아서 여행을 할 수가 없는데, 내가 어
떻게 부모님을 모시고 올 수가 있단 말이오? 사실대로 말해
주겠는데, 난 이 세상에서 당신보다 더 어리석은 인간을 본
적이 없소."

기사가 대꾸했다.

"무슨 일이든 끝이 좋아야 성공한 겁니다."

이윽고 기사가 좀 더 멀리 말을 몰고 간 다음 로마황제의
궁전 가까이 이르자 헝가리 왕에게 물러가겠다고 허락을 요
청했다. 왜냐하면 기사는 공주에게 가는 지름길을 알고 있어
서 자신이 먼저 도착하여 공주를 데리고 가고 싶었기 때문이
었다. 그러자 왕이 말했다.

"어느 방향으로 말을 몰고 가려는 거요?"

기사가 말했다.

"사실대로 말씀드리자면, 전 7년 전에 어떤 장소에 그물을 쳐놓았는데, 이제 그 그물이 있는 곳을 찾아가려는 겁니다. 그물이 망가졌다면 그대로 내버려 둘 것이고, 아직도 튼튼하다면 그것을 거두어 가져가 세상에서 가장 귀중한 보석처럼 간직하겠습니다."

하고 싶은 말을 마친 기사는 왕의 곁을 떠나서 말을 몰았고, 왕은 넓은 길을 계속해서 달려갔다.

헝가리 왕이 도착했다는 보고를 받은 로마황제는 수많은 신하들을 거느리고 마중을 나가서 성대하게 영접했고, 왕이 젖은 옷을 벗고 새 옷으로 갈아입도록 했다. 황제는 왕에게 먼 길을 오느라고 수고가 많았다고 위로하고 온갖 칭찬을 다 늘어놓았다. 그리고 식사를 같이 하는 자리에서 황제가 여행 중에 별 일이 없었는지 묻자 왕은 대답했다.

"오늘 길에서 겪은 이야기를 폐하께 전해드리겠습니다. 어디선가 기사가 내게 다가와서 정중하게 인사를 올렸습니다. 얼마 후 폭우를 만났는데, 그 바람에 내 옷이 아주 많이 망가졌습니다. 그러자 그 기사는 내가 궁전을 가지고 오지 않았기 때문에 어리석은 짓을 했다고 말했습니다."

황제가 물었다.

"그 기사는 무슨 옷을 입었습니까?"

왕이 대답했다.

"외투를 입고 있었습니다."

황제가 말했다.

"그 기사는 지혜로운 사람입니다. 그가 말하는 집이란 외투를 의미하기 때문이지요. 당신이 외투를 가지고 왔더라면 비 때문에 옷이 형편없이 망가지지는 않았을 테니까 말입니다."

왕이 이어서 말했다.

"우리가 좀 더 멀리 말을 몰고 갔을 때 깊은 강물을 만났는데, 난 말에 박차를 가해서 물로 뛰어들어 익사할 뻔했습니다. 그 기사는 건너편 언덕으로 아무런 위험도 없이 건너가서는 내게 다리를 가지고 오지 않았기 때문에 어리석은 짓을 했다고 말했습니다."

그러자 황제가 대꾸했다.

"그 사람 말이 옳았습니다. 그가 말하는 다리란 당신 부하들을 의미하니까요. 당신은 부하들을 데려와 앞으로 달려가게 하고 물의 깊이를 보고하도록 했어야만 합니다."

왕이 계속해서 말했다.

"우리가 좀 더 멀리 말을 몰았을 때 드디어 그 기사는 나더러 함께 식사를 하자고 요청했습니다. 그래서 함께 식사를 했는데, 그는 내가 아버지와 어머니를 모시고 오지 않았기 때문에 어리석은 짓을 했다고 말했습니다."

황제가 즉시 이렇게 대꾸했다.

"그 기사는 지혜로운 사람이그 옳은 말을 했습니다. 그가 말하는 아버지와 어머니는 빵과 포도주 그리고 다른 식량을 의미하기 때문입니다."

왕이 말을 계속했다.

"우리가 한참 더 말을 몰았을 때 그 기사는 내 앞에서 물러 가도 좋은지 허락을 요청했습니다. 나는 그가 어디로 가려는 지 물었습니다. 그러자 그는 7년 전에 어느 은밀한 곳에 그물을 쳐놓았는데 그물이 망가져서 못 쓰게 되었다면 버릴 것이고, 아직도 튼튼하다면 그것을 거두어 가져가 보석처럼 간직하겠다고 대답했습니다."

그 말을 듣자 황제가 큰 소리로 외쳤다.

"나의 모든 기사들과 하인들은 나와 함께 즉시 내 딸의 방으로 가자. 그 기사가 말하는 그물이란 바로 내 딸의 방이기 때문이다."

황제의 모든 기사와 하인들이 즉시 공주의 방으로 달려갔다. 그러나 공주는 보이지 않았다. 왜냐하면 그 기사가 공주를 데리고 떠났기 때문이다. 이렇게 해서 헝가리 왕은 공주에게 속았고, 망신만 당한 채 자기 나라로 돌아갔다.

🌿 이 황제는 우리 구세주 예수 그리스도이고, 아름다운 공주는 영원한 생명이다. 황제는 모든 왕과 기사들과 일반 백성에게 자기 딸을 주려고 한다. 아름다운 공주를 사랑한 기사는 착한 신자의 영혼이다. 이러한 영혼은 주님 앞에서 영원한 기쁨을 누릴 자격이 자신에게 없다고 생각한다. 이것은 "그들은 이 세상에서 고통을 당한다 해서 내세의 영광을 누릴 자격이 있다고 여기지는 않는다."고 사도가 말하는 것과 같다.

기사가 사랑하는 사람을 위해서 7년 동안 순례한 것은 착한 신자가 일곱 가지 자비의 선행을 완수하기 위해 평생 동안 열심히 노력하는 것을 의미한다.

폭우를 만났을 때 외투가 없던 왕은 다른 모든 옷 위에 입는 외투를 가지지 못한 권력자들을 의미한다. 즉 "사랑은 수많은 죄를 덮어준다."고 한 사도의 말처럼 이 외투는 사랑을 의미하는 것이다. 많은 사람이 이 외투를 가지고 있지 못하기 때문에 오만, 탐욕, 음탕함의 비에 젖고 만다.

왕이 익사할 뻔한 것은 완전한 신앙이라는 다리가 없었기 때문이다. 우리가 매일 보는 일이지만, 다리 또는 그와 비슷한 도구가 없다면 아무도 깊고 넓은 강물을 건너갈 수가 없는 것이다. 따라서 신앙이 없다면 우리는 주님의 마음에 들 수가 없다. 그러므로 신앙이 없다면, 그래서 속세의 환락 속에 일생을 보내고, 모든 것을 이룰 수 있는 주님의 도움을 뿌리친 채 속세의 권력에 의지한다면, 그런 사람은 결코 구원을 받을 수가 없다.

그래서 주님께서는 "네가 겨자씨 만한 신앙이 있어서 산에게 움직이라고 말한다면 그 산이 움직일 것이다."라고 말씀하신다. 그러나 요즘 우리 가운데 수많은 사람은 신앙이 너무나도 연약해서 갑자기 절망의 구렁텅이에 빠지고 중대한 죄를 저질러서 자주 주님을 거역한다.

왕은 또한 자기 아버지와 어머니를 데리고 가지 않았는데, 자손 번식의 원천인 아버지는 겸손을 의미한다. 겸손하지 못한 사람은 아무런 덕행도 실행할 수 없기 때문이다. 그래서 성 그레고리우스는 "겸손 이외의 모든 덕행을 실천한다고 해도 그는 바람에 먼지를 날리는 것과도 같다."고 말한다.

그리고 어머니는 희망을 의미한다.

따라서 영원한 생명을 얻기를 원하는 사람은 사랑이라는 외투, 신앙이라는 다리, 겸손이라는 아버지, 그리고 "희망으로 우리는 구원을 받았다."고 한 사도의 말처럼 희망이라는 어머니를 추구해야만 한다.

기사는 곧은 지름길로 가고, 왕은 넓은 길로 갔다. 구원을 원하는 사람은 곧은 길, 즉 단식, 자선행위, 순결, 회개의 길을 걸어야 한다.

그래서 사도는 "영원한 생명으로 인도하는 길은 곧다."고 말한다. 그러나 수많은 사람들은 지옥으로 인도하는 다른 길, 즉 육체적 쾌락의 길을 걸어가고, 이러한 길에서 속아 영원한 생명의 길을 벗어난다.

15

탐욕의 구슬을 가지고
놀지 마라

· · · · ·

옛날 로마에 폼페이우스라고 하는 매우 영리한 황제가 살았다. 그에게는 아글라스라는 딸이 있었다. 대단히 아름다운 이 공주는 많은 면에서 로마제국의 어느 여자보다도 뛰어났다. 공주는 모든 남자들이 보기에 더없이 아름답고 우아한 여인이었다. 그리고 달리기를 너무나 잘 해서 남자 가운데 공주를 앞질러서 달릴 수 있는 사람이 하나도 없었다.

자기 딸의 이러한 두 가지 장점을 알아본 로마황제는 크게 기뻐한 나머지, 한 가지 법을 만들어서 공포했다. 즉 가난하든 부자든 지위가 높든 낮든 상관하지 않고, 어느 남자든지 공주와 달리기 시합을 해서 이기는 사람에게는 엄청난 재산을 주고 그를 사위로 삼겠지만, 달리기 시합에서 공주에게 지는 사람은 그 목을 베겠다고 하는 것이었다.

황제의 포고문을 읽어본 공작, 백작, 남작, 그리고 기사들이 앞을 다투어서 달리기 시합을 자원했다. 차례대로 시합을 했지만 젊은 공주가 모든 경쟁자들을 물리치고 이겼기 때문에 그들은 모두 법에 따라 목숨을 잃었다.

그 무렵 로마에는 사기꾼인 가난한 청년이 살았는데, 그는 속으로 이렇게 생각했다.

'난 가난한 집안에서 태어난 가난뱅이다. 그런데 무슨 수를 써서든지 황제의 딸과 달리기 시합에서 이기는 사람은 높은 지위와 엄청난 재산을 얻을 수 있다는 법이 선포되었다고 한다. 그러니까 내가 무슨 수로든지 공주보다 더 빨리 달려서 이긴다면 높은 지위를 얻을 뿐만 아니라 우리 가문 전체에게도 큰 혜택을 줄 것이다.'

가난한 청년은 공주와 경쟁해서 이기기 위해 세 가지 진귀한 물건을 준비했다.

하나는 붉은 장미와 흰 장미로 만든 화환이었고, 또 하나는 고급 비단을 교묘하게 엮어서 만든 허리띠였다. 그리고 세 번째 것은 각종 보석으로 장식된 비단 주머니인데, 그 안에는 세 가지 색깔이 나는 구슬이 들어 있었고, 주머니에는 '나를 가지고 노는 사람은 누구든지 절대로 싫증을 내지 않을 것이다.' 라는 문구가 새겨져 있었다.

이윽고 이 청년이 세 가지 물건을 자기 품에 간직한 채 황제의 궁전 앞으로 가서 큰 소리로 외쳤다.

"공주님, 아름다운 공주님, 밖으로 나오십시오. 전 당신과 달리기 시합을 할 준비가 되어 있고, 법이 정한 모든 내용을 충실히 지키겠습니다."

그 말을 들은 황제가 자기 딸에게 달리기 시합을 하라고 지시했다. 공주가 자기 방 창문에 다가가서 청년을 내려다보고 경멸에 찬 어조로 말했다.

"수많은 용감한 기사들을 내가 물리쳤는데, 이제는 형편없는 피라미와 시합을 하게 되었구나. 그렇지만 아버지의 명령에는 복종해야지."

공주는 달리기 시합의 준비를 마치고 드디어 함께 내달리기 시작했다. 시간이 얼마 지나지 않아서 공주는 청년보다 한참이나 멀리 앞서서 달렸다. 그러자 청년이 장미꽃 화환을 공주 앞에다 던졌다. 아름다운 꽃의 화환을 본 공주는 허리를 굽히고 그것을 집어 자기 머리에 얹었다. 그 틈을 타서 청년이 앞질렀다.

그것을 본 공주가 몹시 분해서 울었다. 그리고 화환을 벗어서 시궁창에 내던진 다음 청년의 뒤를 열심히 따라서 달리다가 드디어 앞지르게 되었다.

그 때 공주가 오른손을 뻗어 청년을 한 대 갈기면서 말했다.

"형편없는 악당아, 너 같은 가난뱅이가 나를 아내로 삼겠다니 말도 안 돼."

젊은 공주가 청년을 훨씬 앞질러서 달려갔다. 그것을 본 청년이 허리띠를 품에서 꺼내 공주 앞에다가 던졌다. 비단으로 만든 허리띠를 본 공주가 허리를 굽히고 집어들어 자기 허리에 둘렀다. 그 틈에 청년은 다시 공주를 앞질러버렸다.

그러자 공주가 크게 탄식하고 울면서 허리띠를 푼 다음 이빨로 물어뜯어 세 갈래로 찢어 내던져 버렸다. 그리고 빠른 속도로 달려가서 다시 청년을 앞지르게 되었다.

그 때 공주가 팔을 뻗어서 청년을 세차게 후려갈기며 말했다.

"이 악당아, 네가 나를 이길 것 같으냐?"

말을 마친 공주가 멀찌감치 청년을 뒤로 따돌렸다.

하지만 사기꾼인 청년은 교활하고 꾀가 많았다. 그는 공주가 골인지점에 거의 도달할 때까지 기다렸다가 마침내 비단 주머니를 내던졌다. 그 주머니를 보자마자 공주는 허리를 굽혀서 집어들고 열어보았다. 그 속에는 구슬이 들어있었고, 거기엔 '나를 가지고 노는 사람은 누구든지 절대로 싫증을 내지 않을 것이다.' 라는 문구가 새겨져 있었다.

이윽고 공주가 그 구슬을 가지고 놀기 시작했는데, 청년이 골인지점에 먼저 도달할 때까지 계속해서 놀고 있었다. 그리하여 청년은 황제의 딸을 아내로 삼게 되었다.

이 황제는 우리 구세주 그리스도시고, 아름다운 공주는 사람의 영혼이다. 사람의 영혼은 재생의 물, 즉 세례를 통해서 깨끗해지고, 빨리 달린다는 장점을 지니고 있다. 즉 영혼이 깨끗한 상태에 머물러 있는 동안에는 어떠한 중대한 죄도 영혼을 이길 수가 없다.

교활하고 꾀가 많은 이 사기꾼은 악마인데, 그는 순진한 사람들을 속이는 방법을 밤낮으로 연구한다.

사기꾼은 세 가지 진귀한 물건을 마련했다.

첫 번째 것은 화환인데, 이것은 오만을 의미한다. 왜냐하면 화환이란 팔이나 다리에 걸치는 것이 아니라, 남들에게 보이기 위해서 머리에 얹는 것이기 때문이다. 오만이란 남들에게 과시하기 위한 것이다. 그래서 오만한 사람에 대해서는 성 아우구스티누스가 "오만한 사람을 보는 경우에는 그를 악마의 자식이라고 불러라."고 말한다.

그러므로 공주가 한 행동을 본받아라. 즉 너의 죄에 대해서 통곡하고 오만의 화환을 진정한 회개의 시궁창에 던져버려라. 그러면 너는 악마를 세게 한 대 갈기는 것이 되고 그를 이길 것이다.

그러나 우리 영혼의 원수인 이 사기꾼은 한 가지 죄에 있어서 자기가 졌다고 깨달으면, 사람을 다른 죄로 유혹하기 위해 다른 타락의 허리띠를 던진다. 슬프게도 이 세상에는 방탕의 허리띠가 너무나도 많다.

그래서 성 그레고리우스는 이렇게 말한다.

"우리는 허리에 순결함의 허리띠를 둘러야 한다. 그렇게 한다면 생명의 길을 잃지 않을 것이기 때문이다."

그 다음에 사기꾼, 즉 악마는 구슬이 든 비단 주머니를 던진다. 위는 열리고 아래는 닫힌 이 주머니는 마음을 의미하는데, 아래쪽은 언제나 지상의 모든 것에 대해서 닫혀 있어야만 하고, 위쪽은 하늘나라의 기쁨을 향해 항상 열려 있어야만 하기 때문이다. 그리고 주머니를 열고 닫는 두 가닥의 줄은 주님에 대한 사랑과 우리 이웃에 대한 사랑을 의미한다.

또한 이리저리 움직일 수 있는 둥근 구슬은 탐욕을 의미하는데, 이것은 젊은 시절에도 늙은 시절에도 다 같이 작용하고, 참되고 좋은 것처럼 보인다.

그리고 '나를 가지고 노는 사람은 누구든지 절대로 싫증을 내지 않을 것이다.'라고 새겨진 문구는 탐욕에 빠진 사람은 절대로 만족할 줄을 모른다는 의미이다. 그러므로 로마제국의 철학자 세네카는 "다른 모든 죄는 낡고 시들어도, 오로지 탐욕만은 항상 싱싱하다."고 말한다.

따라서 우리는 탐욕이라는 이 구슬을 가지고 놀지 않도록 조심해야 한다. 그러면 우리는 죄라는 구슬과 벌이는 시합에서 이기고, 하늘나라에서 끝없는 행복을 누릴 것이다.

16

두 처녀를 욕보인 사내의 운명

● ● ● ● ●

옛날 로마에 에드펜이라는 강력하고 지혜로운 황제가 살았다. 그는 처녀의 순결을 짓밟은 자는 누구나 그 처녀가 원하는 대로 사형을 받거나 아니면 그 처녀와 결혼을 해야만 한다는 법을 공포했다.

그런데 한 사내가 어느 날 밤 두 처녀에게 욕을 보였다. 한 처녀는 그를 사형시키기를 원했고, 다른 처녀는 그와 결혼하기를 원했다.

죄를 저지른 그 사내가 잡혀서 재판관 앞에 끌려갔다. 재판관은 사건을 자세히 조사한 뒤에 자기 지혜를 짜서 두 처녀의 요구를 다같이 만족시켜주어야 했다.

한 처녀가 법에 따라 그를 처형해 달라고 요구했다. 그러자 다른 처녀가 사형을 요구하는 처녀에게 말했다.

"난 이 사람을 내 남편으로 맞이하기를 원한다. 법은 너를 위해서 있기도 하지만 나를 위해서도 있는 거야. 그런데 내 요구는 네 요구보다 더 자비로운 것이니까 한층 더 정당하다. 따라서 내 이성에 따르면, 그에게 관대한 판결을 내리고 나의 요구를 들어주는 것이 옳다는 거지.'

   결혼을 원하는 처녀의 풍성한 자비심을 이해한 재판관은 죄를 지은 사내에게 그 처녀와 결혼하라고 판결을 내렸고, 판결대로 시행이 되었다.

이 황제는 우리 주 예수 그리스도다. 처녀를 욕보이는 자는 죄인 각자다. 그는 주님의 계명을 거슬러 자주 죄를 지음으로써 주님의 자비를 욕보인다.

그는 악마의 지배를 받아서 그런 것이 아니라 제멋대로 죄를 짓는 것이다. 그래서 성 아우구스티누스는 "자발적으로 지을 때 비로소 죄가 된다."고 말한다.

영혼이 육체를 떠날 때 죄인은 재판관 앞에 불려 나간다.

그러면 첫 번째 처녀, 즉 순수함은 그가 정의로움의 법에 따라서 영원한 죽음의 벌을 받아야 한다고 주장한다.

그러나 두 번째 처녀, 즉 그리스도의 공로는 영원한 생명으로 인도하는 길, 다시 말하면, 우리 죄를 솔직히 인정하고 진심으로 회개하면 주님의 자비가 베풀어져야만 한다고 주장한다.

17

황금으로 만든 낚시바늘

· · · · ·

옛날 로마에 테오도시우스라는 매우 강력하고 지혜로운 황제가 살았다. 그가 세상에서 가장 좋아하는 것은 하프로 연주하는 노래에 귀를 기울이는 일과 사냥을 즐기는 일이었다.

어느 날 황제가 숲속으로 들어가 사냥을 하던 도중 하프로 연주하는 더없이 감미로운 노래가 들려왔기 때문에 너무나 황홀해져서 정신을 잃어버릴 지경이었다.

황제는 노래가 어디서 흘러오는지 확인하려고 숲을 뒤지고 다니다가 드디어 외딴 구석의 호숫가에 앉아 하프를 타는 가난한 사내를 발견했다. 황제는 그때까지 그토록 감미로운 하프소리를 들어본 적이 없었다.

황제는 그에게 물었다.

"이 노랫가락은 바로 네 하프어서 나오는 것이냐?"

그러자 가난한 사내가 대답했다.

"사실대로 말씀드리겠습니다. 저는 아내와 자녀를 데리고 이 호숫가에서 30년 동안 살았습니다. 주님의 풍성한 은총을 받은 덕분에, 제가 이 하프에 손을 대기만 하면 감미로운 가락이 흘러나와서 이 호수의 물고기들이 물 밖으로 뛰쳐나왔습니다. 그래서 우리 가족은 맨손으로 물고기를 잡아서 날마다 풍족하게 살았습니다.

그런데 이게 무슨 불행이란 말입니까? 어느 날 호수 저쪽에 휘파람 부는 사내가 나타났는데, 그가 휘파람을 너무 잘 부는 바람에 번번히 물고기들이 저를 버리고 저쪽으로 가고는 합니다. 그러니까 폐하, 저 사내가 휘파람을 불지 못하게 해서 제발 저를 도와주십시오."

황제가 말했다.

"내가 좋은 수를 내서 너를 도와주겠다. 내 가죽 주머니에 황금으로 만든 낚시바늘이 있는데 그걸 네게 주겠다. 너는 그것을 낚싯대 끝에 단단히 묶은 뒤에 미끼로 지렁이를 끼운 다음, 낚싯줄을 물 위로 멀리 던져라. 그리고 네 하프를 연주해라. 물고기가 미끼를 물면 낚시바늘을 뭍으로 끌어당겨라. 그렇게 한다면 휘파람 소리도 아무런 효과를 발휘하지 못할 것이다."

가난한 사내가 그 말을 듣고 크게 기뻐하여 황제가 가르쳐

준 그대로 실천했다. 이윽고 그가 하프를 연주하자 물고기들이 미끼를 물었고, 그는 낚시바늘을 잡아당겼다.

그후 오랫동안 풍족하게 살다가 마침내 편안하게 여생을 마치게 되었다.

이 황제는 그리스도인데, 그는 거룩한 교회라고 하는 숲속에서 인류의 영혼을 사냥하는 일을 몹시 즐긴다. 그는 또한 하프의 노랫소리를 좋아하는데, 이것은 그가 인류를 몹시 사랑해서 그들에게 주님의 거룩한 말씀을 가르친다는 것을 의미한다.

호숫가에 앉아 있는 사내는 주님의 말씀을 전하는 성직자들인데, 그들은 속세의 가장자리에 앉아 있어야지 속세 한가운데 앉아 있어서는 안 된다.

다시 말하면, 속세의 명예, 재산, 쾌락에 빠져서는 안 된다. 성직자는 성서라는 하프를 가지고 주님을 찬미하고 영광을 드려야만 하며, 또한 이 세상에서 죄인들을 낚아야만 한다. 그래서 시편에는 "북을 쳐서 하느님을 찬미하고, 하프 반주로 그분께 찬미의 노래를 바쳐라."고 적혀있다.

그러나 요즘에는 성직자들이 이렇게 말한다.

"슬프다! 내가 성서를 가르치고 설교를 하면, 악마가 와서 감미롭게 휘파람을 불어대는 통에 죄인들이 그에게 몰려간다. 그들은 주님의 말씀을 들으려 하지 않고 오로지 죄를 짓는 일에만 몰두한다."

악마는 여러 가지 방법으로 인류를 속인다.

우선, 설교 시간에 그는 사람들이 잠을 자게 만든다. 잠들게 할 수가 없을 때는 사람들이 수군대거나 시끄럽게 떠들게 만든다. 그것도 안 되면 사람들을 아주 멍청하게 만들어서 성직자가 무슨 말을 하는지 알아듣지 못하게 한다.

　이런 여러 수단으로도 사람들을 속이지 못할 경우에는 급히 처리할 일이 있다는 생각이 들게 해서 사람들을 교회 밖으로 나가도록 한다.

　악마가 인류를 속이고 주님의 말씀을 멀리하게 만드는 방법은 너무나도 많다.

　그러므로 모든 성직자는 휘파람을 부는 악마와 대항하기 위해서 주님의 은총이라는 황금 낚시바늘을 마련해야 한다. 이 은총의 힘으로 성직자들은 죄인들을 이 세상에서 구출하여 하늘나라로 인도할 수가 있는 것이다.

18

황제를 배신한 재산관리인

• • • • •

옛날 로마에 폴레무스라는 강력하고 지혜로운 황제가 살았다. 그는 다른 자녀가 없이 오로지 외동딸만 두었다. 황제는 그 딸을 몹시 사랑해서 무장한 기사들로 하여금 밤낮으로 공주를 지키게 했다. 그리고 모든 방면에 경험이 풍부한 감독관을 임명해서 기사들이 자기 임무를 어떻게 수행할지 잘 가르치라고 명령했다. 황제는 또한 궁전의 모든 살림을 보살필 재산관리인도 임명했다.

이렇게 모든 조치를 취하고 난 어느 날 밤 황제는 침대에 누워 곰곰 생각에 잠긴 끝에 예루살렘 성지를 순례해야겠다고 결심했다. 이윽고 성지순례를 위한 준비가 끝나자 그는 재산관리인을 불러서 말했다.

"나의 충실한 하인아, 이제 나는 성지순례를 떠나야 한다. 그러므로 내 딸을 잘 보살펴주도록 네게 맡긴다. 그러니 내 딸이 불편 없이 처녀로서 모든 기쁨을 누리도록 하라. 아울러 나는 내 딸을 지키는 다섯 기사들도 네게 맡기니 그들이 아무런 부족함이 없도록 하라.

그리고 내 사냥개도 맡기니 먹을 것을 시간에 맞추어 충분히 주도록 하라. 내 지시를 충실히 시행한다면 내가 다시 돌아왔을 때 너는 풍성한 상을 받을 것이다."

그러자 그 관리인이 대답했다.

"있는 힘을 다해 폐하의 뜻을 받들겠습니다."

드디어 황제가 예루살렘 성지를 향해서 출발했다. 그 후 오랫동안 관리인은 황제의 명령에 따라 자기 직무를 성실하고 충실하게 이행했다. 그러던 중 어느 날 그는 과수원에서 홀로 거니는 공주를 엿보게 되었고, 갑자기 사랑에 빠진 나머지 강제로 공주를 욕보이고 말았다.

그러나 죄를 짓고 나서는 공주에게 욕을 퍼부었고, 사랑에 빠졌던 마음이 돌변해서 공주를 미워하게 되었으며, 결국에는 공주를 궁전에서 내쫓아버렸다. 그래서 공주는 모든 것을 빼앗긴 채 말할 수 없이 가난한 처지가 되어 이집 저집 돌아다니면서 구걸하여 겨우 입에 풀칠을 하는 신세가 되었다.

그런데 공주를 지키던 기사들이 그 이야기를 듣고 그의 범죄행위를 꾸짖고 모욕을 주었다. 그러자 화가 난 그는 기사들도 원수처럼 미워져서 모든 재산을 몰수하고 궁전에서 내

쫓아버렸다. 재산을 몰수당하고는 추방된 기사들은 살아갈 길이 막막해서 일부는 강도가 되고, 일부는 살인자가 되어 엄청난 피해를 입혔다.

세월이 흘러 멀리 성지에 갔던 황제가 다시 로마로 돌아온다는 소식이 왔다. 그 소식을 들은 그는 크게 당황하여 근심에 사로잡혔다. 그리고 속으로 생각했다.

'내가 저지른 죄, 그리고 황제의 명령을 거스른 행동 때문에 나는 처벌을 받을 것이 분명하다. 황제는 나의 절대자며 자비로운 주인이다. 그러므로 다른 사람들이 나를 주인에게 반역죄로 고발하게 내버려두는 것보다는 내가 먼저 모든 예의와 겸손함을 갖추고 황제에게 나아가서 죄를 자백하고 자비를 간청하는 편이 더 나을 것이다.'

이윽고 그는 모든 옷을 벗어버리고 내복만 입은 채 오른손에 밧줄 세 개를 들고 맨발로 황제를 마중하러 나갔다. 그러나 그가 그런 모습으로 멀리서 다가오는 것을 본 황제는 무슨 영문인지 몰라서 몹시 이상하게 여겼다. 서로 말을 주고받을 만한 거리에 이르자 그는 무릎을 꿇고 극진한 예의를 갖추어 인사를 올렸다. 황제는 놀라며 재산관리인에게 말했다.

"너는 내가 임명한 관리인데, 이런 식으로 나를 영접하다니 도대체 무슨 일이냐? 수많은 기사들을 거느리고 나와서 나를 마중해야 마땅하지 않겠느냐?"

그는 대답했다.

"폐하, 저는 중대한 죄를 지었기 때문에 폐하를 마땅히 이런 식으로 영접해야만 합니다."

"무슨 죄를 지었단 말이냐?"

"폐하, 제가 왜 밧줄 세 개를 가지고 왔는지 먼저 질문해 주십시오."

"그럼 너는 왜 밧줄 세 개를 손에 들고 왔느냐?"

가련한 관리인이 대답했다.

"첫 번째 밧줄은 제 손발을 아주 단단히 묶어서 피가 구석구석에서 흘러나오게 만들려는 것입니다. 저는 그렇게 해야 마땅한 놈입니다.

두 번째 밧줄은 저를 말꼬리에 묶어서 땅바닥에 질질 끌고 가 제 뼈에서 모든 살점이 떨어져 나가도록 하려는 것입니다. 그것은 제가 폐하를 거슬러서 엄청난 반역죄를 지었기 때문입니다.

세 번째 밧줄은 높다란 교수대에 제 목을 매달기 위한 것입니다. 시체를 오랫동안 매달아서 새들이 머리와 몸에 내려앉아 살을 쪼아먹게 하는 것입니다. 이러한 처벌은 제가 저지른 죄, 그리고 법을 어기는 저와 같은 무리에게 마땅한 것입니다.

그러므로 폐하, 폐하의 자비와 동정심을 제가 확신하기 전까지는 제 죄를 감히 자백할 수도 없으니, 제발 자비를 베풀어주십시오."

그러자 황제가 대답했다.

"너의 깊은 겸손함과 뉘우침을 내가 알겠다. 그러니까 무슨 죄인지 말해 봐라. 틀림없이 네게 자비와 은총을 베풀겠다."

이윽고 그가 고백했다.

"저는 폐하의 딸을 더럽히고 궁전에서 내쫓았습니다. 아무 것도 가진 것이 없는 공주는 지금 이집 저집 돌아다니며 구걸해서 겨우 살아가고 있습니다. 저는 또한 기사들의 모든 재산을 몰수했고, 이제 그들은 살아갈 길이 없어서 도둑과 강도, 또는 살인자가 되었습니다. 그리고 기사들의 감독관은 제가 살해했습니다. 또 저는 힘 닿는 데까지 오랫동안 가장 좋은 고기로 폐하의 사냥개를 기르고 쇠사슬로 묶어놓았는데, 개마저도 쇠사슬을 끊고 달아나서 이제는 들판을 마구 돌아다니고 있습니다."

그 말을 들은 황제는 마른하늘에 날벼락을 맞은 것처럼 놀라서 말했다.

"내가 그토록 사랑하던 딸을 네가 더럽혔고, 기사들도 내쫓았으며, 감독관을 살해했다니! 내가 가장 아끼던 사냥개를 네게 맡겼는데, 그 개마저도 달아났다니!

내가 이미 너를 용서하지 않았더라면, 그리고 네가 그토록 깊은 겸손함을 보이지 않았더라면, 나는 인간이 생각해 낼 수 있는 가장 잔인한 형벌로 너를 죽였을 것이다.

그러므로 여기를 떠나가서 내 딸을 다시 데리고 와라. 그리고 내 딸과 너는 결혼해야만 한다. 앞으로 네 탓으로 다시 내 딸이 불행해진다면 너를 두 배로 처벌하겠다.

또한 나의 기사들을 다시 데리고 와서 재산을 모두 돌려주고 그들을 과거의 직책에 복귀시켜라. 아울러 있는 힘을 다해 내 사냥개를 찾아낸 다음 그 개가 빨리 달리도록 만들어라. 그래야만 앞으로도 너는 처벌을 면할 것이다.”

그 말을 들은 관리인은 가장 겸손하게 고개를 깊이 숙여 절하고 무한한 자비를 베풀어 준 황제에게 감사했다.

그런 다음 그는 오랫동안 로마제국 전체를 돌아다니면서 황제의 딸과 기사들, 그리고 사냥개를 찾았고, 마침내 그들을 데리고 돌아왔다. 또한 젊은 공주를 큰 기쁨 속에서 성대하게 아내로 맞이했고, 기사들에게도 모든 재산을 돌려주었다. 그런 뒤에 그는 편안하게 여생을 마쳤다.

도덕적 교훈

🌿 이 황제는 우리 주 예수 그리스도고, 그의 딸은 사람의 영혼이다. 그리고 다섯 기사들은 영혼의 보호를 위한 세례의 힘으로 무장한 다섯 가지 감각기능을 의미한다. 기사들의 감독관은 이 다섯 가지를 다스려야만 하는 이성을 의미한다. 사냥개는 사람의 육체다.

그리고 재산관리인은 생명과 영혼의 보존을 맡은 개인을 말한다. 그는 자기가 맡은 임무를 수행하지 못하면 영원한 생명을 잃는 벌을 받는다. 그러나 내세를 염려하지 않는 어리석고 사악한 사람은 죄를 자주 지어서 자기 영혼을 타락시키고 더럽힌다. 그리고 자기 영혼을 하늘나라의 궁전에서 추방한다. 그러면 그 영혼은 이집 저집 돌아다니면서 방황한다. 즉 이런 죄에서 저런 죄로 옮겨다니는 것이다.

재산관리인이 다섯 기사들로부터 재산을 몰수하는 것은 다섯 가지 감각기능을 마비시키는 것이다. 그는 이 기능들을 망가뜨려서 오로지 비방과 모략에만 귀를 기울이게 하고, 그 결과 일부는 강도가 되고 일부는 살인자가 된다. 사람이 이성이 아니라 감정의 지배를 받을 때 다섯 가지 감각기능의 주인이 살해되고 만다.

사냥개는 사람이 좋아하는 육체를 말하는데, 이것은 이성의 쇠사슬로 사육되고 묶여 있지만 자주 쇠사슬을 끊고 달아나서 큰 피해를 준다.

황제가 성지순례에서 다시 돌아오는 것은 인류를 심판하시기 위해 심판의 날에 우리 주 예수 그리스도께서 다시 오시는 것을 의미한다.

그러므로 우리는 황제의 재산관리인이 한 행위를 본받아야 한다. 우리 죄에 대해서는 악마가 아니라 우리 자신에게 먼저 탓을 돌려야만 한다. 온 세상이 우리를 먼저 고발하게 되면 그 때는 자비를 요청하기에 너무 늦는다. 따라서 우리는 우리의 모든 옷을 벗고, 즉 죄악 상태의 생활을 청산하고, 세 개의 밧줄을 손에 들어야 한다.

우리 손발을 묶을 첫 번째 밧줄은 진실한 회개의 밧줄인데, 그것은 손발을 묶을 뿐만 아니라 매우 엄격한 생활 속에서 우리 속마음과 외부로 표현되는 대화마저도 묶는 것이다. 구석구석에서 피가 흘러나오는 것은 죄가 스스로 드러나는 것을 의미한다. 이것은 에제키엘 예언서에 "죄인은 회개하기만 한다면 구원을 받을 것이다."라고 적힌 것과 같다.

죄인을 묶어서 끌고 가는 두 번째 밧줄은 타어나서부터 죽을 때까지 우리를 끌고 다니는 우리 죄를 스스로 인정하는 것이다. 그래서 우리 자신을 주님 및 사람들과 화해시키고, 뼈에서 살점이 모두 떨어져나가도록, 즉 육체의 욕정이 회개의 돌멩이에 맞아 모조리 사라지도록 해야 하는 것이다. 자연계에서 보는 돌이 단단한 것과 마찬가지로 회개의 돌도 역시 그만큼 단단해야 한다.

죄인의 목을 교수대에 매다는 세 번째 밧줄은 생활의 개선이라는 밧줄이다. 성서에는 "수많은 정의로운 사람들보다도 주님에게 돌아오는 한 사람의 죄인이 하늘나라에서 더 큰 기쁨을 준다."고 기록되어 있다.

황제의 딸을 다시 찾아서 데리고 온 관리인과 마찬가지로 우리는 자신의 잃어버린 영혼을 굳은 신앙에 따라 찾아내서 교회로 다시 데려오고, 다섯 가지 감각기능을 잘 통제하며, 사냥개를 적절하게 잘 기르고, 깨끗하고 순수한 삶을 살아가며, 그래서 다시는 죄를 짓지 않도록 애써야 한다.

우리가 다시금 죄에 떨어져 한층 더 나쁜 상태가 되면 절실히 필요한 자비를 간청하려고 해도 이미 때가 늦을까 염려되기 때문이다. 이러한 것을 우리가 죽을 때까지 충실히 지킨다면 틀림없이 영원한 생명을 얻을 것이다.

19

황제의 두 아들

· · · · ·

옛날 로마에 리포디우스라는 강력하고 재산이 엄청나게 많은 황제가 살았다. 그는 더없이 착하고 아름다운 아씨리아 왕의 딸과 결혼했다. 이 젊은 공주는 아이를 가졌고, 아들을 낳자마자 죽었다.

첫 번째 아내가 죽은 지 얼마 지나지 않아서 이 황제는 다른 여자를 아내로 맞이해서 아들을 얻었다. 황제는 아이들이 태어나자마자 각각 먼 나라로 보내서 다른 사람들이 기르게 했다.

그래서 두 번째 아내가 말했다.

"제가 아이를 낳은 지도 벌써 10년이 지났어요. 그러나 저는 아이가 태어난 날 한번 보았을 뿐, 지금까지 한번도 아이를 본 적이 없어요. 그러니까 제발 그 애를 데려와서 제게 보여주세요. 그러면 저는 더없이 기뻐할 거예요."

그러자 황제가 대답했다.

"내겐 첫 번째 부인이 낳은 다른 아들도 있어. 당신 아들을 불러온다면, 혼자는 안 되고 둘 다 불러와야만 하지."

황제가 두 아들을 불러오게 했다. 그들은 키가 크고 훈련과 교육이 잘 되어 있었으며, 어느 구석이나 서로 똑 닮았다. 그래서 아버지인 황제 이외에는 아무도 두 아들을 서로 구별할 수가 없었다.

결국 둘째 아들의 어머니가 말했다.

"제가 낳은 아들은 어느 쪽인가요?"

황제는 첫 번째 부인이 낳은 아들을 가리키면서 그가 두 번째 부인의 아들이라고 대답했다. 그 말을 들은 황후는 그 후 다른 아들을 젖혀둔 채 그 아들에게 모든 정성을 쏟았다.

그것을 본 황제가 말했다.

"내가 거짓말로 당신을 속였어. 당신이 그토록 사랑하는 아들이 당신 아들이 아니고, 사실은 저쪽 아들이 맞는 거야."

그 때부터 황후는 첫째 아들을 거들떠보지도 않은 채 둘째 아들에게만 사랑을 쏟았다.

그것을 본 황제가 말했다.

"내가 또 거짓말을 해서 당신을 속였어. 이 아들은 당신 아들이 아니고, 둘 가운데 한 명이 당신 아들이오?"

그러자 황후가 말했다.

"인류를 위해 돌아가신 주님의 이름으로 간청해요. 어느 쪽이 내 아들인지 확실하게 말해 주세요."

황제가 대답했다.

"두 아이가 어른이 될 때까지는 가르쳐 주지 않겠소. 여기에는 이유가 있소. 내가 한 아이를 당신 아들이라고 하니까 당신은 다른 아이를 버려둔 채 그 아이를 사랑했고, 내가 다른 아이가 진짜 당신 아들이라고 하니까 당신은 먼저 아이를 저버리고 둘째 아이를 사랑했소. 그러나 나는 당신이 두 아이를 모두 다 보살피고 사랑해서 기르그, 그들이 모두 당신에게 기쁨이 되기를 바라는 것이오."

그 말을 들은 황후는 두 아이를 모두 정성껏 길렀다. 그들이 어른의 나이에 이르자 황제가 성대한 잔치를 베풀고는 모든 손님들이 보는 앞에서 어느 쪽이 황후의 아들인지 가르쳐 주었다. 황후는 크게 기뻐했고, 자기 아들과 더불어 편안하게 여생을 마쳤다.

황제의 아들들은 영원한 생명을 상속받을 사람과 그렇지 못하는 사람들 전체를 의미한다. 황후는 그들을 모두 양육하는 주님의 섭리다. 그래서 우리 주님께서 그들 가운데 누가 선택을 받고 누가 선택을 받지 못할 것인지를 세상에 알려주지 않으신다.

그것을 미리 알려준다면 세상은 한쪽만 사랑하고 한쪽은 미워하게 되며, 결국 우리 사이에서 사랑이 무너지고 불화와 투쟁의 삶이 계속될 것이다.

그러나 심판의 날에 드러날 진리는 누가 구원을 받고 누가 영원한 벌을 받는지 알려줄 것이다. 그러므로 이 세상에 사는 우리는 하늘나라의 영원한 잔치에 참석할 수 있도록 기도해야 한다.

20

추방당해서 의사가 된 황제의 아들

• • • • •

옛날 로마에 고르고니우스라는 강력한 황제가 살았다. 그
는 매우 아름답고 품위가 있는 귀부인을 아내로 맞이했다.
젊은 이 부인은 얼마 후 아이를 가졌고, 잘 생기고 사랑스러
운 아들을 낳았다.

왕자가 열 살이 되었을 때 그의 어머니인 황후가 죽었다.
얼마 후 황제는 다른 여자와 재혼했다. 그런데 황제의 둘째
부인은 왕자를 조금도 사랑하지 않았을 뿐만 아니라 온갖 구
실을 다 붙여서 왕자를 모욕하고 학대했다.

그러한 사정을 알아차린 황제는 둘째 부인을 기쁘게 해주
기 위해서 자기 아들을 로마제국에서 쫓아내 유배를 보냈다.
추방된 왕자는 외국으로 가서 의학을 공부했고, 얼마 지나지
않아서 뛰어난 의술을 익힌 의사가 되었다.

그러던 중 황제가 병이 들어서 거의 죽게 되었다. 자기 아

들이 훌륭한 의사가 되었다는 말을 들은 황제는 아들에게 편지를 보내서 즉시 자기에게 돌아와 달라고 요청했다. 아버지의 지시에 순종하고 충실하게 따르기 위해서 아들은 급히 서둘러서 황제에게 돌아왔다.

황제를 만난 아들은 맥박을 재고 병세를 살핀 다음 약을 지어 주었고, 마침내 황제는 곧 모든 위험에서 벗어나 치유가 되었다.

그런지 얼마 되지 않아 그의 계모인 황후가 병이 들었고, 많은 의사들은 황후가 곧 죽을 것이라고 말했다. 그런 말을 들은 황제는 자기 아들에게 황후의 병을 치료해 달라고 요청했다. 그러자 왕자가 말했다.

"저는 황후의 진맥은 보지 않겠습니다."

화가 난 황제가 말했다.

"내 명령에 복종하지 않겠다면 즉시 나의 제국에서 떠나라."

왕자는 황제에게 말했다.

"그런 말씀은 조금도 옳지 않습니다. 왜냐하면 아버지도 잘 아시겠지만, 황후의 부추김에 따라서 저를 로마제국에서 추방했고, 제가 곁에 없기 때문에 아버지는 슬픔에 젖어 병에 걸린 것입니다. 반면 황후는 제가 아버지 곁에 있기 때문에 병에 걸린 것입니다. 그러므로 저는 황후의 일에 끼여들지 않고, 약을 지어 주지도 않겠습니다. 의사라 해도 잘못을 저지르는 경우가 자주 있기 때문에 저는 황후의 진맥도 감히 보려고 하지 않는 것입니다. 또한 만일 황후가 죽는 경우에는 제가 그렇게 죽게 만들었다고 사람들이 비난할 우려가 있기 때문입니다."

황제는 말했다.

"황후는 내가 앓았던 병과 똑같은 병을 앓고 있다."

왕자는 대답했다.

"황후가 비록 똑같은 병을 앓고 있다 해도, 두 분의 체질이 서로 다릅니다. 아버지는 제가 무슨 일을 하든지 아버지 자신이 만족합니다. 그래서 제가 이 궁전으로 오는 것을 아버지가 보았을 때 크게 기뻐하면서 기꺼이 영접했던 것입니다.

그러나 제 계모는 저를 보자 머리끝까지 화를 냈고 마음속에 증오심을 품었습니다. 그러므로 제가 만일 계모에게 말을 걸면 계모의 슬픔은 한없이 증가할 것이고, 진맥을 보아준다면 계모는 화가 뻗쳐서 미칠 지경이 될 것입니다.

의사란 환자가 자기를 믿고 기꺼이 반겨주는 경우에만 치료의 효과를 낼 수가 있는 것입니다."

황제의 아들은 하고 싶은 말을 마치고 나자 그곳을 탈출해서 멀리 떠나가 버렸다.

🌿 이 황제는 세례를 받고 새로 태어남으로써 그리스도와 결혼한 그리스도교 신자를 의미한다. 왜냐하면 그의 영혼은 그리스도의 신부가 되고, 신자는 이성이라는 아들을 얻기 때문이다.

그러나 황제의 첫째 부인, 즉 그리스도교 정신은 신자가 중대한 죄를 지을 때마다 죽는다. 그러면 그는 고약한 여자인 계모, 즉 사악함과 재혼한다. 그는 이성이 아니라 방종한 마음의 지배를 자주 받고, 육체적 욕정에 따라 살기 때문에 이성을 자주 추방한다. 그러면 영혼은 즉시 병이 든다. 이성이 없는 상태가 그 질병의 원인이 되기 때문이다. 그러나 주님의 말씀이 착하고 거룩한 의사가 되어 합리적인 영혼 속에서 작용을 하면, 병든 영혼의 건강이 회복된다.

반면에 계모, 즉 사악한 마음이 병들면, 육체는 회개를 통해서 생명을 유지한다. 그러므로 우리는 회개하여 우리 육체를 살리고 영원한 기쁨을 얻도록 노력해야 한다.

Chapter 3

주정뱅이 기사와 나이팅게일

* * * * *

21

누가 가장 게으른 형제인가?

• • • • •

옛날 로마에 폴레누스라는 고귀한 황제가 살았다. 누구보다도 사랑하는 아들 셋을 두고 있었다. 어느 날 침대에 누워 생각에 잠긴 황제는 자기가 죽을 때 아들 셋 가운데 누구에게 로마제국을 물려주는 것이 좋을지 생각해 보았다. 그리고 아들 셋을 불러서 말했다.

"너희 셋 가운데 가장 게으른 사람이 나의 제국을 상속받을 것이다."

맏아들이 나서서 대답했다.

"그렇다면 로마제국은 마땅히 제가 상속받아야 합니다. 왜냐하면 저는 한쪽 다리가 불 속에 빠지면 다리를 빼기보다는 차라리 그 다리가 불에 타도록 내버려둘 정도로 게으르기 때문입니다."

그러자 둘째 아들이 말했다.

"저는 제국을 상속받을 자격이 형보다 더 많이 있습니다. 왜냐하면 제 목에 밧줄이 걸려서 목이 졸려 죽을 지경에 처해 있을 때, 예리한 칼을 손에 쥐고 있다고 해도 저는 목숨을 구하기 위해 밧줄을 칼로 끊지 않을 정도로 게으르기 때문입니다."

두 아들이 그렇게 주장하고 났을 때 막내아들이 말했다.

"저는 두 형보다 더 게으르니까 마땅히 로마황제가 되어야 합니다. 제가 침대에 반듯이 누워 있을 때 제 얼굴에 물을 퍼부어 보십시오. 그러면 저는 어찌나 게으른지 제 자신을 구하기 위해서 고개를 왼쪽으로든 오른쪽으로든 돌리는 일이 절대로 없을 겁니다."

세 아들의 말을 다 듣고 난 황제는 가장 게으른 아들인 막내에게 로마제국을 물려주었다.

🌿 이 황제는 이 세상의 아버지이자 주인인 악마를 의미한다. 그리고 맏아들은 사악한 무리와 스스로 어울려서 나쁜 짓을 저지르는 사람을 의미한다. 그는 죄악의 불에서 빠져나오려고 하기보다는 그 불 속에서 타기를 더 원한다.

둘째 아들은 죄악의 밧줄에 목이 걸려서 지옥이라는 교수대에서 처형될 운명을 알고 있는 사람을 의미한다. 그러나 그는 너무 게을러서 회개라고 하는 합법적인 칼로 그 밧줄을 끊으려고 하지 않는다.

막내아들은 하늘나라의 기쁨과 지옥의 고통에 관해서 배웠음에도 불구하고, 보상을 사랑하고 원하는 마음 때문에 오른쪽으로 움직이지도 않고, 영원한 고통에 대한 두려움 때문에 죄를 피하려고 왼쪽으로 움직이지도 않는다. 이러한 사람은 그 게으름의 대가로 틀림없이 지옥의 왕국을 상속받을 것이다.

22

거대한 뱀 코카트리체

· · · · ·

옛날 알렉산더라는 강력한 황제가 나라를 다스리고 있을 때, 그는 어마어마한 규모의 대군을 거느리고 이집트 왕국의 어느 도시를 포위했다.

그런데 그의 군대 가운데 수많은 훌륭한 기사들이 상처를 하나도 입지 않았는데도 죽어 버렸다. 다른 군사들도 날마다 갑자기 죽어 버렸다. 그래서 알렉산더 황제는 크게 놀라고 깊은 근심에 휩싸였다.

이윽고 황제는 철학자들을 모두 불러 모아놓고는 자기 군사들이 상처도 없이 왜 갑자기 죽는지 이유를 알려달라고 요청했다.

철학자들은 말했다.

"그것은 하나도 이상할 것이 없는 일입니다. 왜냐하면 저 도시의 성벽 위에는 코카트리체라는 거대한 뱀이 있는데, 그

뱀을 쳐다보기만 해도 모두 죽어 버리기 때문입니다. 뱀의 눈에서 뿜어 나오는 독기가 폐하의 군사들을 죽이는 것입니다."

그러자 알렉산더 황제는 코카트리체의 독기를 막는 방법이 없는지 물었다.

철학자들은 대답했다.

"좋은 방법이 있습니다. 즉 폐하의 군대와 성벽 사이에 투명한 유리로 만든 거대한 거울을 설치해 놓는 것입니다. 코카트리체가 거울에 비친 자기 모습을 바라보면, 무시무시한 그의 독기가 자기 자신에게 돌아가서 그는 죽어 버리고 말 것입니다. 그러면 폐하의 군대는 모두 목숨을 건 질 것입니다."

황제는 철학자들의 충고를 받아들여서 거대한 거울을 만들어 성벽 앞에 놓았고, 그 결과 괴물 코카트리체가 죽었다. 그리고 황제는 자기 군대를 몰아서 성을 공격하여 승리를 거두었다.

🌿 이 황제는 무수한 덕행을 끌어 모아야만 하는 그리스 도교 신자들을 의미한다. 덕행이 없다면 영혼을 위한 거룩한 싸움을 할 수가 없기 때문이다.

신자들이 정복하려고 공격하는 도시는 이 세상이다. 여기에는 허영이라고 하는 높은 성이 있다. 그리고 허영 한가운데는 오만, 눈을 즐겁게 해주려는 욕망, 그리고 육체의 욕정이 도사리고 있는데, 이 오만이 너무나도 많은 사람들을 중독시켜서 그들은 결국 영원한 죽음을 맞이하고 만다.

그러므로 오만에 대한 가장 효과적인 치료법은 우리 자신의 불결함, 발가벗은 채 이 세상에 태어났다는 사실을 곰곰 생각해 보는 것이다. 오만한 사람에게는 이러한 대답을 주면 된다. 즉 덕행을 모두 잃어버린다면 우리가 어떻게 영혼을 위한 거룩한 싸움을 할 수가 있겠는가?

우리는 양심의 깨끗한 거울을 세우는 길밖에 없다. 그 거울로 우리는 우리 마음과 광채를 비추어 보는 것이다. 우리 자신의 결점들을 바라본다면, 즉 오만과 눈을 즐겁게 해주려는 욕망과 육체의 욕정이라는 괴물 코카트리체를 바라본다면, 이 세속의 도시를 파괴하여 완전한 승리를 얻을 것이다. 그리고 영원한 생명을 틀림없이 얻을 것이다.

23

간통한 황후를 사자가 죽이다

• • • • •

옛날 아르켈라우스라는 강력한 황제가 로마제국을 다스리고 있었다. 그가 노인이 되었을 때 젊고 매우 아름다운 귀부인을 아내로 맞이했다. 그런데 젊은 기사가 이 귀부인을 사랑하여 자기가 원할 때마다 함께 사랑을 속삭였다.

어느 날 밤 침대에 누워 생각에 잠긴 황제는 예루살렘 성지를 순례하겠다고 결심했다. 그래서 즉시 여행에 필요한 것을 모두 준비하라고 지시했다. 그리고 로마제국의 모든 업무와 황후를 뒤로 한 채 성지를 향해서 출발했다.

소식을 들은 황후는 황제가 타고 갈 배의 선장을 불러서 말했다.

"내 말을 충실히 따라준다면 네가 원하는 것은 무엇이든지 주겠다."

선장은 탐욕에 눈이 어둡고 타락한 사람이었기 때문에 황후의 말에 흥쾌히 승낙하며 대답했다.

"황후폐하, 충분한 보상만 주신다면 무슨 명령이든지 틀림없이 따르겠습니다."

황후가 말했다.

"시키는 대로만 한다면 네가 원하는 것은 무엇이든지 들어주겠다. 그러므로 내 말에 충실하겠다고 맹세하라."

선장은 황후의 명령에 절대로 복종하겠다고 맹세했다. 그러자 황후가 지시했다.

"황제는 네 배를 타고 떠날 것이다. 그러므로 바다 한가운데에 배가 나가면 그를 바닷물에 처넣어서 익사시켜라. 그러면 너는 큰 보상을 받을 것이다."

선장이 엄숙하게 맹세하며 선언했다.

"위대한 신 제우스의 이름으로 맹세합니다만, 황후께서는 황제를 두 번 다시 보지 못할 것입니다."

황후는 선장이 요구하는 대로 엄청난 분량의 금화를 주었다. 그리고 선장은 자기 배로 돌아갔다.

얼마 후 황제를 태운 배가 바다 한가운데에 이르자, 선장이 황제를 잡아서 바닷물에 처넣었다. 그리고 선장이 되돌아와서 황제를 바다에 처넣었다고 황후에게 보고했다. 황후는 크게 기뻐했다.

바다에 내던져진 이 황제는 젊었을 때 수영을 배웠기 때문에 앞으로 헤엄쳐 나아가다가 섬을 발견했다. 그러나 오랜 수영으로 기운이 모두 빠져서 익사할 위기에 처했다. 그래서 비통한 눈물을 흘리면서 주님께 도와달라고 기도했고 마침 내 그는 작은 섬에 도달했다. 그 섬에는 육지에서 건너온 사자, 표범, 기타 다른 야수들만 득시글거렸다.

섬 한구석에 발을 내디딘 황제는 사방을 살펴보았다. 마침 어린 사자가 늙은 표범과 싸우고 있었는데, 어린 사자가 싸움에 져서 죽을 처지에 놓였다. 황제는 그 어린 사자를 크게 동정한 나머지 칼을 빼서 표범을 죽여버렸다. 그후 사자는 황제의 곁을 잠시도 떠나지 않고 언제나 따라다녔으며, 자기가 잡은 사냥감을 가져다가 황제의 발밑에 놓고는 했다. 황제는 부싯돌로 불을 피워 고기를 구워 먹으며 오랫동안 목숨을 유지할 수 있었다.

어느 날 바닷가로 나가서 거닐고 있을 때 황제는 근처를 지나가는 배를 보고 있는 힘을 다해 고함쳤다. 배에 탄 사람들은 누가 고함을 치는지 이상하게 여겼다. 그래서 그들은 배를 섬으로 몰아서 그에게 다가갔다. 황제는 그들에게 말했다.

"나를 여기서 육지로 데려나가 준다면 뱃삯을 두둑하게 주겠습니다."

그들이 즉시 황제를 배에 태워주었다. 사자는 헤엄을 치면서 배를 뒤따라갔는데, 힘이 빠져서 익사할 지경이 되자 뱃사람들이 크게 동정하여 사자도 배에 태워주었다. 이윽고 육지에 상륙하자 황제가 약속대로 뱃삯을 두둑하게 지불하고는 걸어서 자기 궁전이 있는 곳에 이르렀다.

나팔소리와 클라리넷 소리가 들리는가 하면 온갖 아름다운 노랫소리가 들려왔다. 무슨 일인가 황제가 궁금하게 여기고 있을 때 궁전에서 어느 귀족이 한 명 나왔다. 황제는 그가 누군지 알아보았지만, 그는 황제를 알아보지 못했다. 그래서 황제가 물었다.

"이렇게 아름다운 노랫소리가 들리는데 무슨 일이라도 있습니까?"

귀족은 대답했다.

"오늘이 바로 황후가 결혼하는 날이라서 로마제국의 모든 신하들이 모였지요. 그래서 손님들을 기쁘게 해주려고 아름다운 노래를 부르게 한 것입니다."

그러자 황제가 물었다.

"황후의 먼저 남편이었던 황제는 어디 있습니까?"

귀족은 황제가 성지 순례를 떠났다가 바다 한가운데서 빠져 죽었다고 대답했다. 황제는 그 귀족에게 간절히 부탁하며 말했다.

"한 가지 부탁을 하겠습니다. 황후와 그녀의 남편이 될 분에게 가서 이렇게 전해 주십시오. 제가 궁전에 들어가서 제 사자를 데리고 묘기를 보여주겠다고 말입니다."

귀족은 부탁을 들어주겠다고 말하고 황후와 기사에게 전했다.

"궁전 앞에 어느 노인이 왔는데, 그는 안으로 들어와서 사자의 묘기를 폐하 앞에서 보여주겠답니다."

그러자 황후와 갓 결혼한 기사가 대꾸했다.

"들어오라고 하라. 볼만한 구경거리라면 그는 배불리 먹을 것이다."

황제가 사자를 데리고 안으로 들어서자, 사자는 조금도 우물쭈물하지 않고 즉시 젊은 기사에게 달려들어 물어 죽였고, 이어서 황후에게 달려들어 뼈까지 먹어버렸다. 로마제국의 모든 귀족들이 보는 앞에서 일어난 일이었다. 그 광경을 본 귀족들은 겁에 질려서 제각기 달아나기 시작했다. 그러나 황제는 유창한 웅변으로 그들을 위로하면서 말했다.

"보라, 이것은 주님께서 내리신 벌이다. 내 아내는 여기 죽어 넘어져 있는 이 기사와 오랫동안 사악한 짓을 했고, 선장에게 나를 죽이도록 음모해서 선장이 나를 바다에 처넣었다. 그러나 주님께서 나를 구해 주었다. 그리고 이 사자는 죽을 위기에 처해 있을 때 내가 구해주었기 때문에 나를 저버리지 않고 나를 따르다가 내 궁전에 들어서자마자 간통을 한 두

남녀를 즉시 죽여버렸다. 그러므로 내가 바로 너희들의 진정
한 황제라는 것을 알아보아라."

　그 말을 들은 그들이 고개를 들어서 황제를 쳐다보았고,
드디어 황제를 알아보고 크게 기뻐했다. 그리고 자기들의 주
인인 황제를 구출해주는 기적을 베푸신 주님을 찬미했다.

🌿 이 황제는 예루살렘 성지를 순례하는, 다시 말하자면 굳은 신앙을 통해서 영원한 생명을 얻으려 하는 그리스도교 신자를 말한다. 그러나 그의 아내, 즉 사악한 육체는 영혼에 대해서 불만을 품고, 남편보다는 간통자, 즉 중대한 죄를 더 사랑한다.

이 황제가 예루살렘을 향해서 배를 타고 여행하는 것은 주님께 이르는 길, 즉 교회에 나가는 것이다. 그러나 그의 아내, 즉 육체의 욕망에 따르는 사람들은 그를 교회의 고위 성직자들에게 고발하고 거액의 뇌물로 자주 그들의 눈을 멀게 만든다.

그 결과, 고위 성직자들은 착하고 성실한 많은 신자들을 익사시키기 위해 바다에 처넣는다. 다시 말하면, 신자들을 교회에서 추방하는데, 이것은 신자들을 속세의 거친 바다로 내모는 것이다.

그러면 속세의 거친 파도에 던져진 신자들은 어떻게 해야만 하는가? 그는 우선 수영을 배워야 한다. 즉 모든 희망을 주님께 두어야 한다. 그러면 주님의 은총으로 그는 작은 섬, 즉 진심에서 우러나오는 신앙심에 도달하고, 자기 자신을 속세에서 멀리 하는 일을 더욱 더 즐기게 된다. 그래서 성 야고보는 말한다.

"더럽혀지지 않고 깨끗한 신앙심은 주님의 눈으로 보시기에 참으로 귀중한 것이다."

또한 이러한 신앙심을 가진 사람은 그를 대신해서 악마와 싸워주는 사자를 발견할 것이다. 이 사자는 우리 주 예수 그리스도를 의미한다.

언젠가 이 사자를 도와준 사람은 사자가 자기를 저버리지 않고 필요할 때 언제나 자기 곁에 머물러 있다고 믿어야 한다. 그래서 시편에서는 "그가 어려운 처지에 놓였을 때 나는 그와 함께 있다."고 말한다.

　신자라면 누구나 회개하면서 자기 아내, 즉 육체를 이 사자에게 데리고 가서 자기 죄를 죽여야 한다. 그러면 틀림없이 하늘나라를 얻게 될 것이다.

24

황제의 아들을 맡아서 기른 기사

• • • • •

옛날 로마에 폴레누스라는 강력한 황제가 살았다. 그는 독일 왕의 딸을 아내로 삼았다. 대단히 아름답고 예의바른 이황후는 얼마 후 아이를 가졌고 아들을 낳았다. 이 아이가 태어나자 로마제국의 모든 제후들이 황제에게 몰려와서는 왕자의 양육을 자기가 맡겠다고 다투어 자원했다. 그래서 황제가 말했다.

"내일 무술시합을 열 테니 모두 참석하라. 거기서 마지막으로 승리를 거두는 사람이 내 아들을 맡아서 기르게 될 것이다. 만일 그가 내 아들을 잘 길러준다면 대단한 영광과 높은 지위를 주겠다. 그러나 제대로 길러내지 못한다면, 그는 이 세상에서 가장 참혹한 형벌을 받고 죽을 것이다."

다음 날 모든 제후들이 참석한 가운데 무술시합이 열렸고 누구나 대단히 용감하게 싸워서 시합이 오래 지속되었다. 맨 나중에 요시아스라는 훌륭한 기사가 나타났는데, 너무나도 용감하게 싸워서 최후의 승리를 거두었다. 무술시합이 모두 끝나자 요시아스는 왕자를 데리고 떠났다.

황제의 아들을 자기 나라로 데리고 가기 때문에 이 기사는 자기 성으로 부하를 미리 보내서 황제의 아들을 그 지위에 맞게 영접할 준비를 하라고 관리들에게 지시했다. 성의 안팎을 깨끗이 청소할 뿐만 아니라 성 한가운데에 왕자의 침실을 마련하고, 침대 주위에는 일곱 가지 학문을 설명하는 책을 비치하여, 왕자가 잠에서 깨면 즉시 그 책들을 바라볼 수 있게 하라는 명령도 함께 내렸다.

왕자의 침대 곁에 시원한 물이 넘쳐흐르는 연못이 있었고 왕자는 거기서 목욕을 했는데, 이 연못으로 통하는 창문의 열쇠를 기사의 부인이 몸에 지니고 다녔다. 왕자의 침실에 난 그 창문으로는 햇빛이 잘 비쳤다.

어느 날 열쇠를 가지고 다니던 기사의 부인은 창문을 열어 둔 채 왕자의 침실을 떠났다. 그때 곰 한 마리가 다가와서 창문이 열려 있는 것을 보고 연못에 가서 목욕을 했다. 몹시 무더운 날이었기 때문에 더위에 쫓기던 곰에게는 연못에서 한 목욕이 그렇게 시원할 수가 없었다.

그런데 그후로 누구든지 그 연못의 물을 마시면 문둥병에 걸리게 되었다. 얼마 지나지 않아 기사와 기사 부인 그리고 가족이 모두 그 물을 마시고 문둥병에 걸렸다. 물론 이것은 갑작스럽게 나타난 현상은 아니었다.

하루는 거대한 몸집의 독수리가 날아와서 왕자가 누워있는 침실의 창문으로 들어가 왕자를 요람에서 채어가 버렸다. 그 사실을 알게 된 기사는 큰소리로 통곡하면서 말했다.

"내 신세가 이게 뭐란 말인가! 차라리 태어나지 말았더라면 좋았을 것을! 나는 이제 죽음의 아들이 되었고, 지겨운 문둥이가 되었으며, 내 아내와 모든 가족도 문둥이가 되었으니 어쩌면 좋단 말인가?'

기사가 그렇게 통곡을 하고 있을 때, 의사가 다가와서 말했다.

"제 말을 따른다면 후회하지 않을 것입니다. 우선 당신과 당신 아내 그리고 모든 가족은 몸에서 피를 좀 빼야 합니다. 그런 다음 목욕을 하고 온몸을 깨끗이 씻어야 합니다. 그후에 제가 약을 드리겠습니다.

그리고 당신을 비롯한 모든 환자가 깨끗이 완치된 뒤에 산으로 걸어가서 황제의 아들을 찾아보십시오. 왜냐하면 독수리가 왕자를 어딘가에 떨어뜨렸기 때문입니다."

기사는 의사의 지시대로 하고 피를 흘렸으며, 그 다음에 약을 발랐다. 결국 그는 깨끗하게 치유되었고, 그의 아내와 모든 가족도 마찬가지로 나았다. 이윽고 기사는 말을 타고 부하 기사 세 명과 함께 황제의 아들을 찾으러 떠나 마침내 계곡 한구석에서 몸 성하게 누워있는 왕자를 발견하고 크게 기뻐했다.

　황제의 아들을 다시 찾은 기쁨이 너무나도 커서 기사는 왕자를 그의 아버지인 황제에게 데리고 갔다. 아들의 건강한 모습을 본 황제는 더없이 기뻐했고, 기사를 매우 높은 지위로 올려주었다. 오랫동안 기사는 영광과 풍족한 삶을 누리다가 마침내 편안하게 눈을 감았다.

🌿 이 황제는 하늘나라의 아버지이고, 그의 아들은 아기 예수이다. 그리스도의 죽음과 수난의 성사를 받을 때 수많은 사람이 그분을 모시겠다고 자원한다. 선행의 생활을 통해서 악마와 가장 잘 싸워서 이기는 사람이 그리스도를 모시게 된다. 황제의 아들을 맡게 된 이 기사는 악행을 피하고 모든 사람에게 끊임없이 선행을 베푸는 착한 그리스도교 신자를 의미한다.

그러므로 우리는 기사의 행동을 본받아야 한다. 즉 전령들을 미리 파견해서 참된 신앙의 빗자루로 우리의 마음이라는 성에서 죄의 모든 오점을 청소하여 깨끗하게 준비하고, 아기 예수가 우리 마음 한가운데 머물 수 있도록 해야 한다.

연못은 자비를 의미하는데, 자비는 항상 우리 주님 곁에 있어야 한다. 자비심이 없는 사람은 축복 받은 아기 예수를 제대로 양육할 수가 없는 것이다. 그런데 기사의 아내, 즉 인간의 육체는 자비의 열쇠를 가지고 있지만 자주 연못을 소홀하게 방치한다. 그러면 악마를 의미하는 곰이 와서 자비의 연못에다가 지겨운 땟국물을 남겨두고 떠난다. 그리고 누구든지 그 물을 마시면 죄라고 하는 문둥병에 걸리게 된다.

햇빛이 비쳐 들어오는 창문은 사람에게 생명과 위안을 주는 성령의 은총이다. 이 창문을 통해서 독수리, 즉 전능하신 주님의 백성이 들어 와서 사람의 마음으로부터 아기 예수를 채어간다. 그러면 사람은 큰 소리로 통곡한다.

그러나 아기 예수가 떠난 뒤에 우리는 어떻게 해야 좋단 말인가? 훌륭한 의사, 즉 주님의 말씀을 올바로 전해주는 뛰어난 성직자를 불러오는 수밖에 없다. 성직자는 우리와 모든 가족에게 나쁜 피를 빼라고 충고한다. 즉 죄를 스스로 인정하고 그 죄를 끊어버리며, 진심으로 회개함으로써 하늘나라의 아버지와 화해하라는 것이다.

그 다음에 죄인은 뉘우침의 눈물과 양심의 가책으로 목욕을 하고, 그 뒤에는 생활의 개선, 즉 모든 죄로부터 해방된 삶이라는 약을 받게 된다. 이렇게 하고 나면 그는 사악함에 대한 굳센 대항이라는 말을 타고, 악행이라는 음식을 멀리 하는 단식, 주님께 바치는 기도, 모든 사람에 대한 선행의 실천 등 부하기사 세 명을 거느리고 달려나가야 한다. 그러면 그는 틀림없이 오만이라는 산꼭대기가 아니라 겸손이라는 계곡에서 아기 예수를 발견할 것이다.

이렇게 하는 사람은 틀림없이 축복 받은 아기 예수를 건강하게 잘 기를 수 있는 능력과 힘을 구비할 것이고, 하늘나라의 아버지께서는 그를 영원한 기쁨의 자리에 올려주실 것이다.

25

가난한 사람들이
권력자들과 부자들을 다스린다

• • • • •

옛날 로마에 풀젠시우스라는 강력한 황제가 살았다. 그는
백성을 훌륭하게 다스렸을 뿐만 아니라 마음속 깊이 사랑했
기 때문에 로마제국 전체를 향해서 한 가지 선포를 했다. 즉
어느 누구든지 지정된 날에 자기에게 와서 소원을 말하면 무
엇이든지 들어주겠다고 하는 내용이었다.

큰 권력을 가진 사람들이 그 선포내용을 듣자 크게 기뻐하
면서 지정된 날에 황제에게 가서 각각 자기 소원을 말했다.
황제는 그들의 소원을 모조리 다 들어주었고, 그 결과 로마
제국의 재산 가운데 엄청난 부분이 분배되었다. 그들은 한결
같이 모두 기쁨에 넘쳐서 고향으로 돌아갔고, 황제가 나누어
준 토지와 성을 각각 차지했다.

얼마 지나지 않아 로마제국 영토의 가난한 사람들이 모두
한자리에 모여서 회의를 열고 이렇게 소리쳤다.

"가난하든 부자든 누구나 황제의 궁전에 가서 요청하면 무엇이든지 들어주겠다고 했다. 그런데 최근에 부자들이 궁전에 갔고 요청한 대로 모두 다 받았다. 그러므로 우리도 황제의 궁전으로 가서 무엇이든지 받아내자."

거기 모인 가난한 사람들이 모두 찬성하고 황제의 궁전으로 몰려갔다. 그리고 황제의 선프에 따라 자기들이 원하는 내용을 전했다.

그들의 요청을 받은 황제는 말했다.

"너희 요청을 모두 들어보았다. 가난한 사람이든 부자든 차별 당하지 않고 누구나 와서 요청하면 다 들어주겠다고 한 선포도 사실이다. 그러나 부자들이 너희보다 먼저 와서 나는 그들에게 모든 것을 주어버렸다. 이제 남은 것은 황제의 지위뿐이다. 그러므로 나는 너희에게 줄 것이 하나도 없다."

가난한 무리가 말했다.

"선하시고 자비로우신 폐하, 우리에게 자비를 베푸시어 빈손으로 돌아가게는 하지 말아 주십시오. 우리가 부자들보다 먼저 여기 오지 못한 것이 우리 잘못일도 잘 알고 있습니다. 그래도 우리가 먹고 살 수 있도록 무엇이든지 좀 주시기를 자비로우신 폐하께 간청합니다."

황제는 대답했다.

"나는 너희보다 먼저 온 부자들에게 내 제국의 토지, 성,

세금 걷을 권리 등을 거의 전부 나누어주었다. 그러나 제국의 통치권만은 아직도 내 손에 남아 있다. 그러므로 이 통치권을 너희에게 줄 테니 부자들은 너희 하인이 되고 너희 말에 복종할 것이다."

그 말을 들은 가난한 사람들은 크게 기뻐하고 황제 앞에 무릎을 꿇고 감사해 하며 말했다.

"비록 늦게 오기는 했지만 폐하의 말씀에 따라 우리는 다른 모든 사람들을 다스리는 영주가 되었습니다."

이윽고 그들은 황제 앞에서 물러나 각자의 고향으로 돌아갔다. 그러나 큰 권력을 가진 사람들과 부자들이 그 사실을 알게 되자 크게 동요했고, 드디어 한자리에 모여서 회의를 열었다. 그리고 너나없이 말했다.

"아, 슬프다! 지금까지 우리에게 복종해온 농민들과 하인들이 우리를 다스리는 영주가 되었으니, 도대체 우린 그들을 어떻게 섬길 수가 있단 말이냐? 우리 모두 황제에게 가서 부당한 조치를 시정해 달라고 요청하자."

그렇게 결의한 그들은 황제에게 가서 말했다.

"폐하, 우리 하인들이 우리를 다스리는 영주가 되었다니 이게 무슨 말입니까? 이런 일이 없도록 제발 재고해 주시기를 겸손하게 간청합니다."

그러자 황제가 대답했다.

"나는 너희에게 잘못한 것이 하나도 없다. 왜냐하면 내 선포는 누구에게나 공평한 것이기 때문이다. 즉 누구든지 요청하는 것을 그대로 받을 것이라고 했던 것이다. 그런데 너희는 토지, 명예 그리고 세금 걷는 권리만 내게 요청했다. 그래서 나는 너희가 요청한 것을 모두 들어주었고, 내 몫으로는 하나도 남기지 않았다. 너희는 각자 만족해서 돌아갔다.

그런 다음에 가난하고 단순한 사람들이 와서 내 선포에 따라 무엇이든지 조금 달라고 요청했다. 나는 너희를 다스릴 황제의 권리만 내 손에 지니고 있었을 뿐이고 그 이외에는 그들에게 내줄 것이 하나도 없었다. 가난한 사람들이 너무나도 큰 소리로 요청하는데, 나로서는 너희를 다스릴 권한 이외에는 아무 것도 줄 것이 없었다. 그러므로 나를 원망하지 마라. 너희는 원하던 것을 모두 받았기 때문이다."

권력자들과 부자들이 말했다.

"폐하, 우리가 어떻게 하면 좋을지 지혜로운 충고를 해주시기 바랍니다."

황제는 말했다.

"내 말대로 하겠다면, 너희에게 유익한 충고를 해주겠다."

"우리에게 유익한 것이라면 무슨 말이든 따르겠습니다."

그러자 황제가 말했다.

"너희는 토지와 세금 걷을 권리와 다른 재산을 풍성하게 가지고 있다. 그것을 모두 가난한 사람들에게 나누어주고, 그 대신 그들이 가진 통치권을 받도록 하라."

권력자들과 부자들이 황제의 권고를 기꺼이 받아들였고, 모든 재산을 가난한 사람들에게 나누어주었다. 그러자 가난한 사람들은 그들에게 통치권을 돌려주었다. 이렇게 해서 가난한 사람과 부자들이 모두 만족하게 되었다. 또한 황제는 양쪽에 대해서 대단히 지혜로운 조치를 취했기 때문에 모든 백성이 그를 높이 칭송했다.

    이 황제는 우리 주 예수 그리스도인데, 그분께서는 가난하든 부자든 누구나 자기에게 와서 영원한 기쁨을 요청하면 틀림없이 모두 자기가 원하는 것을 받을 것이라고 예언자들, 선조들, 사도들, 그리고 성직자들을 통해서 선포하신다.

그러나 권력자들과 부자들은 세속의 명예와 잠시 있다가 사라지는 지상의 재산만을 요청하고 탐욕만 부린다. 그래서 그리스도께서는 그들에게 세속의 명예와 재산을 모두 나누어주시고, 자기 자신은 아무것도 가지지 않으신다. 이것은 "하늘의 새는 둥지가 있고, 지상의 여우는 굴이 있지만, 사람의 아들은 머리 누일 곳조차 지상에 없다."고 한 성서의 말씀과도 같다.

가난한 사람들은 마음이 양순한 사람들인데, 그들에 대해 우리 주님께서 "마음이 가난한 사람들은 축복을 받았다. 왜냐하면 그들이 하늘나라를 차지할 것이기 때문이다."라고 말씀하신다.

그래서 하늘나라에서는 가난한 사람들이 지상의 권력자였던 사람들을 다스릴 것이다. 그러므로 "너희는 자선을 베풀어라. 그러면 모든 것이 너희에게 깨끗하게 될 것이다. 이렇게 하면 너희는 하늘의 왕국을 얻게 될 것이다."라고 한 성서 말씀대로 지상에서 부자들은 가난한 사람들에게 자신의 일시적인 재산을 나누어주어야만 한다.

26

불을 토하는 용과 뱀들의 공격

• • • • •

옛날 로마에 다르메스라는 강력한 황제가 살았다. 그는 커다란 도시를 건설하고 튼튼한 성벽으로 둘러쌌다. 그리고 도시 한가운데 커다란 종을 매달았고, 황제가 도시를 떠나서 전쟁터로 갈 때마다 그 종을 울리게 했다. 그러나 처녀 이외에는 아무도 그 종을 치지 못했다.

도시를 세운 지 얼마 지나지 않아서 용들, 뱀들, 그리고 독을 품은 각종 야수들이 너무나도 많은 사람들을 독으로 죽였기 때문에 그 도시가 거의 멸망하게 되었다. 그래서 도시의 지도자들이 합의하여 황제에게 달려가서 말했다.

"우리 도시와 재산이 거의 다 파괴되었으니 어떻게 하면 좋겠습니까? 저 야수들이 우리를 잡아먹기 때문에 우리와 폐하께서는 다같이 죽을 위험에 처해 있습니다. 그러므로 좋은 의견을 주십시오. 아니면 우리는 멸망하고 말 것입니

다.”’

황제가 말했다.

“이 문제를 해결하는데 제일 좋은 방법이 무엇이고, 도시를 가장 잘 방어하는 방법이 무엇인지 너희는 물어보고 있구나.”

그러자 가장 지혜로운 사람이 나서서 말했다.

“폐하, 제 의견을 들어보시고 나중에 조치를 취하십시오. 미리 생각해 보지 않으신 일이지만, 폐하께서는 궁궐 안에 사자를 한 마리 가지고 계십니다.

그러니까 나무 기둥 하나를 세운 다음 사자를 못 박아버리고 소금을 뿌리십시오. 독을 뿜는 다른 야수들이 사자가 그런 식으로 처형된 것을 본다면, 겁을 집어먹은 나머지 이 도시를 버리고 달아날 것입니다. 그러면 우리가 안전하게 되어 편히 쉴 것입니다.”

황제가 대답했다.

“그거 참 좋은 생각이다. 너희를 구하기 위해 사자를 목매달아라.”

이윽고 그들이 사자를 잡아서 앞에 말한 그대로 처형했다. 얼마 후 다른 사자들과 독을 뿜는 용들이 도시로 다가와서 그렇게 목매달린 사자를 보자 겁에 질려 모두 달아났다. 그리고 다시는 얼씬거리지 못했다.

이 황제는 하늘나라의 아버지이고, 한가운데 종이 매달리고 성벽으로 잘 둘러싸인 도시는 덕행으로 둘러싸인 영혼을 의미한다. 종은 깨끗한 양심을 의미하는데, 이것은 우리가 악마와 싸워야 할 때 용감하게 싸워야 하고, 그 싸움에 나서기 전에 덕행으로 잘 무장하라고 경고하는 것이다.

그리고 이 종을 칠 자격이 있는 처녀는 이성을 의미하는데, 그것은 더럽혀지지 않은 이성이 항상 순수성을 보존하기 때문이다.

불과 독을 뿜는 용은 우리 조상 아담이 금지된 사과를 먹었을 때 탐식과 방탕의 불을 토해서 태워버린 인간의 육체를 의미한다. 독을 뿜어서 사람들을 죽인 야수들은 언제나 인류를 배신하는 지옥의 악마들이다.

도시의 지도자들은 선조들과 예언자들인데, 이들은 인류를 구원하는 방안과 치료법을 주님께 간청한다. 그리고 "모든 백성이 죽지 않도록 하기 위해서는 온 백성을 위해 한 사람이 죽는 것이 낫다."고 한 성서 말씀대로 사자, 즉 그리스도를 십자가에 못 박는 것이 가장 좋은 방법이라는 결론에 도달한다.

그래서 사람들이 그리스도를 잡아서 십자가에 매달았고, 악마는 그리스도교 신자들을 두려워해서 감히 가까이 가지 못하게 된 것이다. 결국 주님의 은총에 힘입어서 그리스도교 신자들은 영원한 행복을 얻게 될 것이다.

27

황제의 두 딸

· · · · ·

옛날 로마에 도미티아누스라는 강력한 황제가 살았다. 그는 두 딸을 두었다. 하나는 더없이 미인이었고, 또 하나는 못생겨서 사람들이 모두 싫어했다. 그래서 황제는 로마제국 전체를 향해 이런 선포를 했다.

즉 미인인 딸을 아내로 삼는 사람은 그 딸의 아름다움과 미모 이외에는 아무런 재산도 받지 못하지만, 못생긴 딸과 결혼하는 사람은 자기가 죽은 뒤에 로마제국을 고스란히 물려받을 것이라는 내용이었다.

로마제국 안에 그 선포가 널리 알려지자 수많은 제후들이 몰려와서 미인인 딸과 결혼하기를 원했다. 황제는 그들에게 말했다.

"너희 요구를 들어줄 수가 없다. 잘 알겠지만, 미인인 내딸과 결혼하는 사람은 그 미모와 아름다움 이외에 어떠한 재산도 받을 수가 없을 뿐만 아니라, 내가 한 사람에게 딸을 주면 나머지 사람들이 내 딸을 탐내서 서로 싸우게 될 것이기 때문이다.

그러므로 못생긴 딸을 버리고 미인인 딸과 결혼하기를 원한다면, 너희는 그 딸과 결혼할 자격이 있다는 것을 먼저 보여야 한다. 따라서 싸움에서 승리하는 사람이 미인인 내 딸을 차지할 것이다."

황제의 말을 들은 모든 제후와 귀족이 크게 기뻐했다. 그래서 오로지 미인인 황제의 딸에 대한 사랑 때문에 그들은 기꺼이 싸우려고 했고, 즉시 전투를 벌일 날을 잡았다. 제후와 귀족들이 무수히 죽었으며, 마침내 한 사람이 마지막 승리를 거두어 미인인 황제의 딸과 결혼했다.

못생겨서 사람들이 싫어하는 둘째 딸은 언니의 화려한 결혼식을 본 뒤로 날마다 구슬피 울기만 했다. 그래서 아버지인 황제가 물었다.

"넌 왜 이렇게 눈물로 세월을 보내고 있느냐?"

딸이 대답했다.

"언니가 엄청난 영광과 위엄 속에 결혼식을 올리는 것을 보았는데, 제가 어떻게 눈물로 세월을 보내지 않을 수가 있겠어요? 남자라면 누구나 언니를 보고 크게 기뻐하지만 저를 가까이 하려는 남자는 하나도 없으니, 저는 도대체 어쩌면 좋을지 모르겠어요."

"사랑하는 딸아, 내가 가진 것이 모두 네 것이다. 너도 잘 알겠지만, 네 언니와 결혼하는 사람은 네 언니의 아름다운 육체 이외에는 아무 것도 받지 못한다. 그리고 이제 너를 위해 내가 직접 로마제국 전체를 향해서 선언하겠다. 즉 누구든지 너와 결혼하면 그는 내가 죽은 뒤에 유언에 따라 로마제국을 상속받을 것이라고 보증해 주겠다."

그러자 비록 못생기고 사람들이 싫어하는 공주였지만, 아버지의 약속을 듣고 크게 기뻐했다. 황제가 몸소 직접 선포하자마자 젊고 훌륭한 기사가 나타나서 둘째 딸과 결혼했다.

그리고 황제가 죽고 나자 그는 로마제국 전체를 차지해서 황제가 되었고 공주는 황후가 되었다.

🌿 이 황제는 우리 주 예수 그리스도인데, 미인인 딸과 못생긴 딸을 두었다. 아름다운 딸은 이 세상을 의미하고, 그 곳은 무수한 사람을 즐겁게 만드는 것으로 가득 차 있다. 못생긴 딸은 가난과 고통을 의미하는데, 이 딸과 결혼하려는 사람은 거의 없다.

이와 관련해서 성서는 한결같이 "아름다운 딸, 즉 세상과 결혼하기를 원하는 사람은 그 달의 아름다움, 즉 미모처럼 언젠가는 사라지고 마는 속세의 헛된 사물 이외에는 아무 것도 받지 못한다."고 말한다.

그러나 못생긴 딸과 결혼하는 사람, 다시 말하면 주님께 대한 사랑 때문에 자진해서 가난과 고통을 받아들이는 사람은 "나를 사랑해서 나의 뒤를 따르기 위해 모든 것을 버린 너희는 영원한 생명을 얻을 것이다."라는 성서의 말씀대로 하늘의 왕국을 차지할 것이다.

수많은 제후와 귀족들이 아름다운 딸을 얻으려고 싸웠다. 즉 속세의 재산을 탐내서 이 세상을 얻으려고 바다에서 그리고 육지에서 전투를 했고, 결국은 수없이 죽고 말았다.

왜냐하면 이 세상에는 오만과 탐욕과 욕정 이외에는 아무 것도 없고, 이러한 중대한 죄를 통해서 온 세상은 지독한 비참함의 구렁텅이에 빠지고 말기 때문이다.

아름다운 딸, 즉 이 세상과 결혼하는 사람은 오로지 이 세상의 사악함을 좋아하고 탐내며, 탐욕스럽고 사악한 사람과 마찬가지로 이 세상을 그 어떠한 것과도 바꾸려고 하지 않는다.

반면에 못생긴 딸과 결혼하는 사람은 착한 그리스도교 신자인데, 그는 하늘의 왕국을 사랑하기 때문에 지상의 모든 것을 버린다. 게다가 자기 자신마저도 천하게 여기고, 모든 일에 있어서 윗사람에게 복종한다. 이러한 사람은 틀림없이 하늘의 왕국을 차지할 것이다.

28

주정뱅이 기사와 나이팅게일

· · · · ·

옛날 로마에 안드로미쿠스라는 강력한 황제가 살았다. 그는 아름다운 노래들을 그 무엇보다도 더 사랑했다. 황제에게는 자기 성 한가운데에 샘이 하나 있었다. 그 샘물은 누구든지 마시기만 하면 아무리 술에 취한 상태라 해도 즉시 제정신을 차리게 되는 그런 것이었다. 그리고 어떠한 종류의 술에 취해도 모조리 깨게 만들었다.

그때 황제의 궁전에는 이드로니우스라는 기사가 있었는데, 황제는 그를 몹시 사랑했다. 그러나 그가 자주 술에 취했기 때문에, 술에 취하는 그의 악습만은 아주 싫어했다. 그래서 이 기사는 자기가 술에 취했다고 깨달을 때마다 그 샘에 가서 물을 마시고 제정신을 차리고는 했다.

황제가 질문을 던져도 기사는 대단히 논리정연하게 대답했기 때문에 술에 취한 상태였다는 사실이 전혀 탄로 나지 않았고, 재치에 넘치는 답변으로 황제의 총애를 더욱더 받게 되었다.

한편, 궁전에 있던 다른 동료들은 그를 몹시 시기하여 어떻게 하면 그가 황제의 총애를 잃게 만들지 서로 궁리했다.

하루는 황제가 숲속으로 들어갔을 때 나이팅게일이 너무나도 아름답게 노래하는 소리를 들었다. 그래서 아침 일찍 일어난 뒤에, 또는 식사를 마치고 나서 나이팅게일의 감미로운 노래 소리를 듣기 위하여 자주 그 숲으로 걸어갔다. 황제의 기사들은 말했다.

"폐하는 나이팅게일의 노랫소리를 너무나도 사랑해서 우리를 전혀 돌보지 않아. 폐하는 이드로니우스라는 기사와 나이팅게일의 달콤한 노랫소리, 이 두 가지 때문에 우리를 사랑하지 않는 거야."

그 자리에 참석했던 늙은 기사가 말했다.

"여러분이 내 말을 따르겠다면, 상처를 입히거나 죽이지 않은 채 이드로니우스라는 기사와 나이팅게일을 없애버리겠소."

나머지 기사들이 맹세하고 말했다.

"무슨 지시를 하든지 우리는 진심으로 따르겠습니다."

그 말을 듣고 난 늙은 기사는 얼마 후 이드로니우스가 술에 취한 것을 몰래 엿보았다. 그래서 샘의 뚜껑을 단단히 닫고 자물쇠를 채워버렸다. 이윽고 기사 이드로니우스가 제정신을 차리기 위해 샘으로 갔지만, 뚜껑 자물쇠가 잠겨 있었다.

황제는 처리해야만 하는 중대한 일이 생겼기 때문에 이드로니우스 기사를 급히 불러오라고 지시했다. 그의 지혜가 매우 뛰어나서 좋은 의견을 듣고 싶었던 것이다.

황제 앞에 불려왔을 때 기사는 너무나도 술에 취해 있어서 말도 제대로 하지 못했고, 재치는커녕 말에 아무런 조리도 없었으며, 황제의 중대한 일에 대해서 전혀 이해하지도 못했다.

그런 꼴을 본 황제는 몹시 화가 났다. 술에 만취하는 악습을 가장 싫어했기 때문이다. 그래서 그 날 이후로 그 기사가 황제의 영토에서 발견된다면 사형에 처할 것이라고 선언했다.

황제의 선언을 들은 그 기사의 원수들은 크게 기뻐하면서 늙은 기사에게 말했다.

"이드로니우스라는 기사를 제거했으니, 이제 남은 일이란 황제가 그토록 좋아하는 나이팅게일을 제거하는 방법을 찾는 것뿐입니다."

그러자 늙은 기사가 대답했다.

"머지 않아 그 나이팅게일이 제거되는 것을 여러분이 직접 보고 들을 것이오."

얼마 지나지 않아서 늙은 기사는 나이팅게일을 몰래 엿보게 되었다. 그 새는 황제의 샘 위에 드리운 나뭇가지에 앉아 있었는데, 자기 짝이 오면 거기서 교미했다. 그런데 자기 짝이 다른 데로 가고 없는 사이에도 다른 새와 자주 교미하고 다시 샘으로 내려와서 목욕을 하고는 했다. 그래서 자기 짝이 돌아왔을 때는 나쁜 냄새를 전혀 풍기지 않아 자기가 한 짓을 전혀 눈치채지 못하게 만들었다.

그런 것을 염탐하고 난 늙은 기사는 어느 날 샘 뚜껑의 자물쇠를 단단히 잠그고 말았다. 이윽고 그 나이팅게일이 자기 짝이 아닌 다른 새와 교미를 한 뒤에 목욕을 하려고 샘에 내려앉았지만, 뚜껑이 닫혀 있는 것을 보고 나뭇가지로 다시 날아올라가서 구슬프게 울었기 때문에 달콤하게 노래하던 목소리를 잃었다.

드디어 짝이 와서 그 나이팅게일이 배신한 것을 발견하고는 어디론가 날아갔다가 많은 무리의 나이팅게일을 데리고 돌아왔는데, 그 무리는 배신한 나이팅게일을 갈가리 찢어서 죽여버렸다.

이렇게 해서 지혜로운 기사는 제거되고, 나이팅게일은 죽게 되었다. 그리고 황제는 평소에 즐기던 위로와 기쁨을 모두 잃고 말았다.

🌿 이 황제는 우리 주 예수 그리스도인데, 그분께서는 경건한 마음의 노래를 매우 사랑한다. 그것은 기도할 때는 우리가 주님께 말을 하고, 성서를 읽을 때는 주님께서 우리에게 말씀하시기 때문이다.

황제의 궁전에 있는 샘은 주님 앞에서 우리 죄를 솔직하게 인정하는 것을 의미한다. 그러므로 죄라는 술에 취한 사람은 누구나 이 샘물을 마시고 자기 죄를 인정해야만 한다. 그러면 틀림없이 구원을 받을 것이다.

이드로니우스 기사는 자기 죄를 인정한 뒤에 자진해서 죄의 상태로 되돌아가는 사람을 의미한다. 이것은 개가 조금 전에 먹은 고기를 토해 놓고는 얼마 후 배가 고파지면 그것을 먹으려고 다시 달려드는 것과 같다.

그러나 이렇게 죄를 지은 사람이 자기 죄를 인정하는 것을 의미하는 이 샘에 가서 물을 마신다면 영혼의 힘을 얻을 것이다.

나뭇가지에 앉은 나이팅게일은 거룩한 교리의 나뭇가지에 앉은 영혼을 의미한다. 그리고 이 새의 노래는 주님께 대한 열렬한 찬미의 나뭇가지에 앉은 영혼이다. 그런데 영혼은 죄에게 자주 자기 마음을 허락하고 그 때마다 나쁜 짓을 저지른다. 그럼에도 불구하고 영혼이 자기 죄를 인정하는 샘에 가서 회개의 물로 목욕하면 주님께서는 그 영혼을 사랑하실 것이다.

그러나 영혼의 원수들, 즉 지옥의 악마들은 주님의 자비가 이토록 풍성한 것을 보고 자기 죄를 인정하는 샘의 뚜껑을 닫아버린다. 즉 우리가 죄를 인정할 의무를 저버리게 하고, 영혼이 회개를 부끄럽게 여기지도 두려워하지도 않은 채 우리와 주님 사이에, 그리고 우리와 다른 사람들 사이에 마땅히 해야 할 화해를 막아서 우리가 죄를 자백하지 못하게 만든다. 그래서 수많은 영혼이 영원한 유배와 죽음을 당한다.

그러므로 우리는 죄를 스스로 인정하는 샘에 가서 회개의 샘물로 우리 영혼을 목욕시켜야 한다. 그러면 틀림없이 영원한 생명을 얻을 것이다.

29

기사에게 보석을 가져다 준 나이팅게일

• • • • •

옛날 로마에 메날라이우스라는 강력하고도 자비로운 황제가 살았다. 그는 한 가지 법을 제정했다. 즉 과거에 저지른 반역죄나 기타 중대한 범죄로 감옥에 갇힌 죄수라 해도 탈옥해서 황제의 궁전으로 도망쳐오는 경우에는 안전하게 보호를 받을 것이라고 하는 내용이었다.

얼마 지나지 않아 어느 기사가 중대한 범죄를 저질러서 튼튼하고 캄캄한 감옥에 갇히게 되었다. 그는 오랫동안 거기 갇혀서 바깥세상을 구경하지도 못한 채 작은 창문을 통해서 흘러 들어오는 희미한 빛을 겨우 받으면서 간수가 가져오는 음식을 먹을 따름이었다. 그래서 바깥세상으로부터 철저하게 차단된 자기 신세를 몹시 서러워하면서 큰 소리로 통곡했다.

그런데 간수가 떠나고 나면 나이팅게일이 작은 창문 앞에 앉아 아름다운 노래를 불러주었다. 이 비참한 기사는 그 노래에 크게 기뻐했다. 노래를 마친 새는 그 기사의 품에 날아들었고, 기사는 주님께서 보내주신 음식 가운데서 일부를 떼어서 여러 날 동안 그 새에게 주었다.

그러던 어느 날 이 기사는 깊은 시름에 잠겼다. 새가 그의 품에 안긴 채 단단한 호두의 부스러기를 주워먹고 있을 때 기사가 새에게 말했다.

"귀여운 새야, 나는 여러 날 동안 너를 먹여 길러왔다. 그런데 내가 이토록 깊은 시름에 잠겨 있을 때 너는 이제 내게 무엇을 해줄 수가 있겠느냐? 너나 나나 다 마찬가지로 주님께서 창조하신 것이다. 그러니까 내가 돕시도 어려운 처지에 놓인 지금 네가 좀 도와주면 좋겠다."

그 말을 들은 새는 기사의 품에서 빠져나가 어디론가 날아가더니 이틀 동안 모습을 드러내지 않았다. 그리고 사흘째 되는 날 돌아왔는데, 보석을 하나 주둥이에 물고 있었다. 새는 그 보석을 기사의 품에 내려놓고 나서 다시금 어디론가 날아가 버렸다.

기사는 보석을 보고 놀랐고, 그런 보석을 가져다 준 새에 대해서도 또한 크게 놀랐다. 보석을 손에 집어든 그는 그 보석으로 족쇄를 끊기 시작했다. 드디어 그의 손발이 족쇄에서 풀려났다. 그 다음에 감옥의 문을 손으로 밀어보니 문이 열려서 그는 감옥을 탈출해 황제의 궁전으로 재빨리 줄달음질 쳤다.

죄수의 탈옥을 알게 된 간수가 뿔나팔을 세 번 불어서 도시의 모든 사람을 깨워 일으켰고, 그들을 이끌고 달려가면서 큰 소리로 외쳤다.

"도둑놈이 달아났습니다. 우리 모두 그 뒤를 추격합시다."

그리고 간수가 선두에 서서 기사를 향해 달려갔는데, 간수가 바싹 다가왔을 때 기사는 자기 활을 꺼내 화살을 쏘았다. 그 화살은 간수의 가슴에 명중했고 간수는 그 자리에서 죽었다. 마침내 기사는 황제의 궁전 안으로 피신해서 법에 따라 보호를 받았다.

🌿 이 황제는 우리 주 예수 그리스도이다. 그분께서는 어떠한 죄수든지, 다시 말하면 어떠한 죄인이든지 회개와 진정한 생활의 개선을 통해서 하늘나라의 자기 궁전으로 도망쳐 오는 경우에는 영원한 보호와 도움을 받을 것이라는 법을 공포하셨다.

이 기사는 중대한 죄를 지은 죄인을 의미한다. 그는 주님의 법에 따라서 지옥이라는 감옥에 갇히도록 결박을 받고 죄라는 쇠사슬에 꽁꽁 묶여 버리는데, 감옥에서 그는 날마다 자기 죄를 슬퍼하고 통곡한다.

이 감옥의 간수는 죄의 쇠사슬에 단단히 결박된 이런 죄인을 감시하는 악마다. 악마는 이런 죄인을 이 세상의 모든 재산과 쾌락으로 섬기면서 자기에게서 탈출하지 못하게 만든다.

아름다운 노래를 불러주는 나이팅게일은 "돌아서라. 죄수여, 바로 이제 돌아서라.", 즉 "죄인아, 이제 회개하라. 그러면 내가 너를 받아들여 은총을 향해 인도하겠다."고 말하는 하늘나라의 음성이다.

인류가 지옥이라는 감옥에서 사탄에게 죄스로 잡혀 있을 때 새, 즉 주님께서 보석, 즉 우리 주 예수 그리스도를 가져다 주신다. 이것은 "나는 보석이다."라고 한 성서의 말과 같다. 그리스도의 영혼이 주님과 함께 지상에 내려와 모든 인류를 지옥의 감옥에서 구출해 준다.

그러므로 우리가 중대한 죄의 감옥에 갇혀있을 때, 우리 죄를 솔직히 인정하고 진심으로 뉘우침으로써 보석, 즉 우리 주 예수 그리스도의 공로를 가지고 우리 죄를 다스린다면, 틀림없이 죄의 사슬이 끊어져서 우리 몸에서 떨어져 나가고 하늘의 은총의 문이 활짝 열리며, 우리는 하늘나라의 궁전에서 도움을 받을 것이다.

감옥의 간수, 즉 오만, 방탕, 탐욕이라는 나팔을 부는 악마가 죄인들을 깨워 일으킨다면, 우리는 몸을 돌려 용감하게 그와 맞서고 진실한 회개 속에 그리스도께 대한 참된 신앙의 화살을 쏘아야만 한다. 그러면 틀림없이 악마가 도망치고 말 것이다.

그렇게 되면 우리는 전능하신 주님의 은총으로 하늘나라의 행복으로 가득 찬 궁전에 도달하여 모든 영광의 왕을 바라볼 것이다.

30

황금 반지, 황금 수염,
그리고 황금 망토

• • • • •

옛날 로마에 도나투스라는 강력한 황제가 살았다. 그는 대리석상 세 개를 제작하도록 명령했다. 한 석상은 백성들을 향해서 똑바로 팔을 뻗었고, 그 손가락에는 황금 반지가 끼워져 있었다. 둘째 석상은 황금 수염을 가지고 있었다. 셋째 석상은 황금 망토를 걸쳤다.

황제는 이 석상들로부터 황금 반지와 황금 수염과 황금 망토를 빼앗아 가는 사람은 사형에 처한다고 선포했다.

얼마 후 디오니시우스라는 폭군이 우연히 그 신전에 들어갔다가 첫째 석상의 황금 반지와 둘째 석상의 황금 수염과 셋째 석상의 황금 망토를 가지고 가버렸다. 그는 고발되어 황제 앞으로 끌려나가 왜 황제의 명령을 거슬러서 석상들로부터 귀중품을 약탈했는지 심문을 받았다.

디오니시우스는 대답했다.

"폐하, 제가 합당한 이유를 설명해 드리겠습니다. 제가 신전에 들어갔을 때, 첫째 석상이 저를 향해서 팔을 쭉 뻗고 있었는데, 그 모습은 마치 '이 반지를 네게 준다.'고 말하는 것과 같았습니다. 그래서 저는 석상의 호의를 거절하기 싫어서 반지를 선물로 받아서 가져갔습니다.

그리고 수염을 단 둘째 석상을 보자 저는 속으로 생각했습니다.

'언젠가 나는 이 석상의 아버지를 알고 있었는데 그는 수염이 없었다. 아버지는 수염이 없는데 아들이 수염을 달고 있다는 것은 이치에 어긋난다.'

그래서 아들 석상이 아버지 석상과 똑같은 모습을 하게 만들려고 저는 그 수염을 떼어갔습니다.

그런 다음 황금 망토를 걸친 셋째 석상을 바라보고는 저는 황금 망토가 겨울에는 그 석상에 어울리지 않는다고 생각했습니다.

왜냐하면 황금이란 성질이 차가운 것이어서 그 석상을 죽일지도 모르기 때문입니다. 저는 황금 망토가 겨울에는 너무 차고 여름에는 너무 뜨거운 것이어서 석상의 망토를 벗겨 가지고 간 것입니다."

디오니시우스가 이렇게 이유를 설명하고 나자 황제는 화가 치밀어서 말했다.

"너는 다른 사람이 아니라 이 석상들로부터 귀중품을 빼앗아 가고 나서도 자기 자신을 우해 사악한 변명만 늘어놓았다. 나는 석상들로부터 아무 것도 가져가면 안 된다고 선포했다. 그런데 너는 네 입으로 자기 죄를 말한 것이다."

황제는 신하들 가운데 기사 한 명을 불러서 그의 목을 베라고 명령했다. 황제의 명령은 즉시 시행되었다.

이 황제는 하늘나라의 전능하신 주님이다. 세 개의 석상은 가난한 사람들, 부자들, 그리고 지상의 권력자들을 의미한다. 폭군 디오니시우스는 제멋대로 불법적으로 행동하는 각 계급의 부패한 관리들을 의미한다.

그들은 가난한 사람들의 손가락에서 반지를 빼앗아가면서 "이것은 내게 선물로 주어진 것이므로 가져도 된다."고 말한다. 그러나 가난한 사람이 정말로 반지를 관리에게 주는 것이라면, 자발적으로 손을 내밀어서 그런 의사를 분명하게 먼저 표시해야만 하는 것이다.

부패한 관리들은 부자들로부터 수염을 떼어가면서 말한다.

"이 사람은 자기 아버지가 전에 가졌던 것보다 더 재산이 많다. 그러므로 우리는 그의 재산을 잔뜩 떼어가서 그를 자기 아버지와 같게 만들자."

그들은 또한 권력자들로부터 황금 망토를 벗겨 간다. 높은 지위에 있는 사람이 정직하게 살면서 그들의 악행을 처벌하려고 하면, 그들은 말한다.

"이 사람은 우리 의견에 조금도 동조하지 않기 때문에 너무 차다. 그는 또한 자기 권력을 우리를 거슬러서 사용하려고 하니까 너무 뜨겁다. 그러므로 우리는 그의 권력의 망토를 벗겨 버리자."

결국 그들은 그를 고발하여 높은 자리에서 몰아내고 만다. 물론 이들은 모두가 영원한 죽음을 당할 위험에 처해 있는 것이 분명하다.

Chapter 4

누구 입에서 정말 지독한 악취가 나는가?

• • • • •

31

짐승보다도 못한
배은망덕한 재산관리인

· · · · ·

옛날 로마에 에볼리데스라는 강력한 황제가 살았다. 어느 날 이 황제가 숲속에서 산책을 하다가 가난한 사람을 만나게 되었다. 황제는 그 가난한 사람을 보자 몹시 동정심을 느껴서 말했다.

"어디 사는 사람인가?"

가난한 사람이 대답했다.

"폐하, 저는 폐하의 땅에서 태어난 폐하의 백성입니다. 지금은 너무나도 가난해서 아주 어렵게 살고 있습니다."

황제가 말했다.

"네가 모든 일에 있어서 진실하다는 것을 나는 안다. 그래서 엄청난 재산과 함께 높은 지위를 주려고 하는데, 이름이 무엇인가?"

"렌티쿨루스라고 합니다. 저는 진리에 의지해서 폐하를

충실하게 섬기겠습니다. 만일 그렇게 하지 못한다면, 어떠한
처벌도 달게 받겠습니다."

　그 말을 듣고 난 황제는 즉시 그에게 엄청난 재산을 주고,
얼마 안 되어 기사로 만들었으며, 이윽고 궁전의 재산관리인
으로 승진시켰다. 그렇게 재산과 명예와 높은 지위를 얻게
된 가난한 사람은 너무나도 오만해져서 자기 윗사람들이나
아랫사람들을 모두 깔보았다.

　얼마 후 이 재산관리인이 말을 타고 숲을 지나가게 되었을
때 삼림감독관을 만났다. 궁전의 재산관리인은 땅에 구덩이
백 개를 파고 나뭇가지와 풀로 덮으라고 그 감독관에게 지시
한 후, 야수들이 우연히 그 길로 지나가다가 구덩이에 빠지
면 잡아서 황제에게 가지고 와야한다고 말했다. 삼림감독관
은 대답했다.

　"지시한 대로 시행하겠습니다."

　며칠 후 재산관리인은 구덩이들이 정말 만들어졌는지 확
인하기 위해서 말을 타고 다시 그 숲으로 갔다. 말을 타고 가
면서 그는 자기 재산이 얼마나 많고 권력이 얼마나 강한지,
그리고 얼마나 빨리 로마제국의 모든 사람이 자기 말에 복종
하는지를 생각해 보면서 만족의 미소를 지었다.

　그러한 생각에 잠겨서 말을 타고 가던 그는 혼자서 중얼거
렸다.

"이 세상에 주님은 없다. 존재하는 것은 오로지 나뿐이다."

그리고 말에 박차를 가해서 달려나가던 그는 갑자기 커다란 구덩이에 빠지고 말았다. 그것은 야수들을 잡기 위해서 파놓으라고 얼마 전에 자기 자신이 지시한 구덩이들 가운데 하나였다. 그 구덩이는 너무 깊어서 그가 빠져나올 방법이 전혀 없었다. 그래서 어쩔 줄 모른 채 고민만 하고 있었다.

얼마 후 배가 고파서 어슬렁거리던 사자가 그의 뒤를 따라 구덩이에 빠졌다. 그 다음에는 원숭이와 뱀이 차례로 굴러 떨어졌다. 세 종류의 짐승에게 둘러싸인 그는 심한 공포에 사로잡혔다.

그 무렵 로마에는 기라고 부르는 가난한 사람이 살았는데, 그가 가진 것이라고는 당나귀 한 마리뿐이었다. 그는 숲속에서 땅에 떨어진 나뭇가지들을 최대한으로 주워 모은 뒤 당나귀로 매일 시장에 운반해다가 팔아서 아내와 함께 겨우 살아가고 있었다.

늘 하던 대로 가난뱅이 기가 숲으로 갔다. 그런데 깊은 구덩이 근처를 지나갈 때 누군가가 부르는 소리를 들었다.

"당신이 누군지는 모르겠지만 제발 나를 좀 도와주시오. 그러면 내가 아주 후하게 은혜를 갚아줄 것이고, 당신은 지금보다 훨씬 더 잘 살게 될 것입니다."

가난뱅이 기는 그것이 남자의 목소리라고 깨닫고 크게 놀랐다. 그래서 구덩이 가장자리에서 걸음을 멈추고 선 채 말했다.

"당신이 소리쳐 불렀기 때문에 제가 여기 왔습니다."

구덩이에 빠진 재산관리인이 소리쳤다.

"나는 황제의 모든 영토를 관리하는 책임자다. 우연히 이 구덩이에 빠졌는데, 내 주위에는 사자, 원숭이, 그리고 더러운 뱀 등 세 가지 야수가 있다. 모든 야수 가운데서도 나는 뱀을 제일 무서워한다. 어느 야수가 먼저 나를 잡아먹을지 모르겠다. 그러므로 제발 기다란 밧줄을 내려보내 나를 이 깊은 구덩이에서 꺼내달라. 그러면 나는 당신에게 엄청난 재산을 주고 앞으로 영원히 즐기게 해주겠다. 당신이 나를 도와주지 않는다면 나는 이 야수들에게 잡아먹히고 말 것이다."

가난뱅이 기가 대답했다.

"저는 당신을 도울 힘이 별로 없습니다. 왜냐하면 먹고살 길이 전혀 없고 다만 나뭇가지를 주워다가 시장에 내다 팔아서 아내와 함께 겨우 살아가는 형편이기 때문입니다. 그렇지만 오늘 일은 그만 두고 당신이 원하는 대로 하겠습니다. 만일 당신이 보상을 해주지 않는다면 우리 부부는 몹시 어려운 처지에 떨어질 겁니다."

그러자 재산관리인은 가난뱅이 기를 출세시키고 큰 재산

을 얻도록 해주겠다고 엄숙하게 맹세했다. 가난뱅이 기가 말했다.

"그 약속을 실천하겠다면 저는 당신 말대로 하겠습니다."

이윽고 가난뱅이 기가 다시 로마로 돌아가 기다란 밧줄을 마련해 가지고 구덩이에 돌아와서 말했다.

"재산관리인님, 이제 제가 이 밧줄을 내려보낼 테니 허리를 묶으십시오. 그러면 제가 밧줄을 잡아당기겠습니다."

기쁨에 넘친 재산관리인이 대답했다.

"밧줄을 던져라."

가난뱅이 기가 밧줄 한끝을 구덩이 아래를 향해서 던졌다. 그것을 본 사자가 잽싸게 줄을 잡았다. 재산관리인이 줄을 잡은 줄로 생각한 기가 밧줄을 당겼는데 사자가 올라왔다. 구출된 사자는 매우 정중하게 고맙다고 말한 뒤에 숲속으로 달아났다. 두 번째로 기가 밧줄을 내려주니 이번에는 원숭이가 달려들어 줄에 매달렸다. 구덩이 위로 올라온 원숭이도 최대한으로 정중하게 고맙다고 말하고는 숲으로 달려갔다. 세 번째로 밧줄이 내려갔는데, 이번에는 뱀이 올라와서 역시 고맙다고 말하고는 숲속으로 기어 들어갔다.

황제의 재산관리인이 있는 힘을 다해 고함쳤다.

"이제 나는 야수 세 마리로부터 구출되었다. 그러니까 이번에는 내가 구덩이에서 벗어나기 위해 밧줄을 아래로 내려

달라."

　가난뱅이 기가 밧줄을 내려보내자 관리인이 그 줄로 허리를 묶었고 기가 밧줄을 잡아당겼다. 깊은 구덩이에서 구출되자 관리인이 기에게 말했다.

　"내일 황제의 궁전으로 오라. 그러면 너를 영원한 부자로 만들어 주겠다."

　가난뱅이 기는 그 말에 크게 기뻐하고는 아무런 보상도 받지 않은 채 집으로 돌아갔다. 그러자 그의 아내는 그날 먹고 살기 위해서 필요한 장작을 왜 주워 모으지 않았느냐고 물었다. 그래서 그는 황제의 재산관리인이 숲속의 깊은 구덩이에 빠졌고, 사자와 원숭이와 뱀도 이어서 빠진 이야기를 해 주었다. 또한 세 야수가 관리인을 잡아먹지 못하도록 관리인을 밧줄을 가지고 구해주었고, 다음 날 관리인에게 가서 엄청난 보상금을 받아올 것이라고 자세히 설명해 주었다. 그 말을 듣고 난 아내가 크게 기뻐하면서 말했다.

　"그렇다면 내일 아침에는 일찍 일어나서 황제의 궁전으로 가 당신 보상금을 받아오세요. 그러면 우리는 앞으로 내내 편안하게 살 수 있을 거예요."

　다음 날 아침 가난뱅이 기가 일찍 일어나 황제의 궁전을 향해서 걸어갔다. 그리고 정문을 두드렸다. 문지기가 나와서 무슨 이유로 문을 두드렸느냐고 물었다. 가난뱅이 기가 대답했다.

"황제의 재산관리인에게 가서 알려주십시오. 어제 숲속에서 그와 함께 이야기를 나눈 적이 있는 가난한 사람이 궁전 정문 앞에 와 있다고 말입니다."

문지기가 관리인에게 가서 가난뱅이 기가 한 말을 그대로 전했다. 그러자 관리인이 문지기에게 지시했다.

"정문으로 되돌아가서 그 사람에게 거짓말하지 말라고 해라. 왜냐하면 나는 어제 숲속에서 사람을 만나 이야기를 나눈 적이 전혀 없기 때문이다. 그에게 썩 물러가라고 해라. 나는 앞으로 그를 다시는 만나지 않을 것이다."

문지기가 정문으로 돌아가서 가난뱅이 기에게 관리인의 말을 전하고는 썩 꺼지라고 말했다. 그래서 가난뱅이 기는 슬픔에 잠겨 집으로 돌아갔다. 그리고 황제의 재산관리인이 한 말을 아내에게 그대로 전했다.

아내는 정성껏 그를 위로하면서 말했다.

"한번 더 찾아가서 증거를 대보세요."

다음 날 아침 가난뱅이 기가 궁전으로 다시 찾아간 다음 자기 말을 재산관리인에게 전해달라고 문지기에게 부탁했다. 그랬더니 문지기가 말했다.

"말을 기꺼이 전해주기는 하겠지만, 당신이 손해를 입을까 염려됩니다."

문지기가 안으로 들어가 재산관리인에게 가난뱅이 기가 다시 찾아왔다고 알렸다. 그 말을 들은 재산관리인이 정문으로 나오더니 어리석은 가난뱅이 기를 심하게 매질을 하여 그가 거의 죽을 지경에 이르렀다.

그 소식을 들은 아내가 당나귀를 끌고 와서 그를 집으로 데려갔다. 그리고 의사를 불러다가 치료를 받게 했다.

몸이 완전히 낫게 된 뒤에 가난뱅이 기는 예전에 하던 것처럼 다시 숲속으로 갔다. 하루의 일용할 양식을 벌기 위해 나뭇가지를 긁어모으려고 간 것이다. 그가 숲속을 빠져나오려고 할 때 이상한 사자를 보았다. 사자는 짐을 잔뜩 진 당나귀들을 몰아서 그의 앞으로 다가왔다. 그는 사자에게 잡아먹히지나 않을까 해서 매우 겁에 질렸다.

그러나 사자가 고분고분하고 해치려그 하지 않는 것을 보고는 자기가 깊은 구덩이에서 구출해준 바로 그 사자라고 깨달았다. 사자는 짐을 진 당나귀들이 그의 집으로 들어갈 때까지 그의 곁에서 떠나지 않았다. 당나귀들이 안으로 들어가자 사자는 그에게 공손하게 절을 하고 숲으로 달려갔다.

그는 당나귀들이 실어온 짐들을 얻게 되었는데, 짐 속에는 값진 물건들이 잔뜩 들어 있었다. 그래서 그는 사방으로 교회를 찾아다니면서 그 짐을 잃은 사람이 있으면 나서라고 소리쳤다. 그러나 아무도 나서지 않았다. 결국 가난뱅이 기는 그 물건을 자기가 가졌고, 그것을 팔아서 집과 토지를 샀으며, 대단한 부자가 되었다.

그런 뒤에도 그는 나뭇가지들을 긁어모으기 위해 숲으로 들어갔는데, 나무 꼭대기에 앉아 있는 원숭이를 발견했다. 원숭이는 이빨과 손발을 놀려서 나뭇가지들을 꺾어 아래로 던져주었다. 그래서 나무가지를 당나귀에 싣는데 별로 시간이 걸리지 않았다. 그렇게 그를 도와준 뒤에 원숭이는 어디론가 가버리고 기는 집으로 돌아갔다.

다음 날 다시 숲으로 들어간 가난뱅이 기가 앉아서 나뭇단을 묶고 있는데, 그가 깊은 구덩이에서 꺼내준 뱀이 나타났다. 뱀은 세 가지 색깔의 광채를 내뿜는 보석을 입에 물고 다가오더니 그의 발 밑에 뱉어놓고는 어디론가 가버렸다. 그는 보석을 집어들고 크게 놀랐다. 그 보석이 어떤 효험을 지니고 있는지 몰랐기 때문에 그는 베드로라고 하는 보석상인에게 가서 말했다.

"이 보석이 얼마나 값이 나가는지 가르쳐주면 수고비를 톡톡히 드리겠습니다."

보석을 자세히 들여다보고 그 품질을 검토해 본 베드로가 대답했다.

"이것을 팔겠다면 금화 100냥을 주겠습니다."

가난뱅이가 대꾸했다.

"당신이 이 보석의 효험을 말해주지 않는 한, 나는 팔지 않겠습니다."

그러자 보석상인이 대답했다.

"이 보석은 세 가지 효험이 있습니다. 이 보석을 지니고 다니는 사람은 우선 슬픔을 모르고 늘 기쁨만 누립니다. 그리고 가난에 시달리지 않고 언제나 부자로 삽니다. 또한 그는 어둠을 모르고 항상 빛을 가지고 삽니다.

이 보석은 또 한가지 특징이 있습니다. 즉 누구나 이것을 팔려고 한다면 반드시 제값을 받고 팔아야만 합니다. 만일 그렇지 못하고 엉뚱한 값에 판다면 보석은 먼저 주인에게 다시 돌아가고 맙니다."

그 말을 들은 가난뱅이는 크게 기뻐하면서 속으로 생각했다.

'깊은 구덩이에서 저 짐승들을 꺼내주기를 참 잘했다.'

얼마 후 그는 그 보석의 덕분으로 더욱 대단한 부자가 되었고, 거대한 저택과 토지를 샀다. 그리고 얼마 후에는 기사가 되었다.

기사가 된 기가 그런 보석을 가지고 있다는 사실이 머지 않아 황제의 귀에 들어갔다. 황제는 그를 즉시 불러들였고, 그는 황제의 명령에 복종했다. 그가 황제 앞에 나아가자 황제가 말했다.

"내가 듣기로는 네가 전에는 아무 것도 가진 것이 없는 가난뱅이였다고 한다. 그런데 이제는 작은 보석 덕분에 대단한 부자가 되었다. 그러니까 그 보석을 내게 팔아라."

기사가 된 기가 대답했다.

"이 보석을 제가 가지고 있는 한 저는 슬픔을 모르고 기쁨을 항상 누리며, 가난을 모르고 항상 부자로 살며, 어둠을 모르고 항상 빛과 함께 산다는 이 세 가지 사실을 확신합니다. 그러므로 팔지 않겠습니다."

그 말을 듣고 나자 황제는 과거 그 어느 때보다도 더욱더 그 보석을 손에 넣고 싶어져서 기에게 말했다.

"너는 두 가지 가운데 하나를 선택해야만 한다. 나의 이 로마제국에서 추방되어 네가 모든 가족과 이별하거나, 아니면 그 보석을 내게 파는 것이다."

그러자 기사가 된 기가 대답했다.

"폐하께서 정 그렇게 원하신다면 폐하의 뜻대로 할 수밖에 없습니다. 그러나 이 보석에 따른 한 가지 특징만은 알려 드리겠습니다. 즉 폐하께서 이 보석의 제값을 치르지 않으신다면, 이 보석은 즉시 제게 다시 돌아오고 만다는 것입니다."

황제는 대답했다.

"물론 나는 충분한 대가를 지불하겠다. 금화 1000냥을 주겠다."

그래서 그는 금화 1000냥을 받은 뒤에 집으로 돌아갔다.

다음 날 아침 그가 금고를 열어보자 거기에는 그 보석이 들어있었다. 그래서 보석을 황제에게 팔았는데 보석이 다시 자기 금고에 돌아온 내력을 자세히 아내에게 설명해 주었다. 그러자 아내가 말했다.

"여보, 빨리 황제에게 가서 이 보석을 바치세요. 그렇지 않으면 황제가 화를 내서 우리에게 큰 재앙이 미칠 테니까요."

이윽고 그가 황제에게 나아가서 말했다.

"폐하, 어제 제가 판 그 보석을 제게 보여주시기 바랍니다."

황제는 자기 금고로 가서 그 보석을 찾아보았지만 보석을 발견할 수가 없어서 몹시 슬퍼했다. 되돌아온 황제는 그에게 보석을 잃어버렸다고 말했다. 그러자 그는 말했다.

"폐하, 슬퍼하지 마십시오. 저는 어제 제값을 쳐서 주시지 않는다면 그 보석을 팔지 않겠다고 했습니다. 그리고 어제 폐하께서는 제게 1000냥을 주셨습니다. 그런데 그 보석이 오늘 아침 제 금고에 다시 들어있었습니다. 만일 제가 그 보석을 폐하께 돌려드리지 않는다면 폐하께서는 제게 몹시 화를 내실 것입니다."

말을 마친 그가 보석을 황제에게 내밀었다. 황제는 크게 놀라며 말했다.

"이것은 참으로 고마운 일이다. 나는 네 신세를 졌다. 그런데 이 보석을 어떻게 해서 얻게 되었는지 설명해 보라."

그러자 기사가 된 기가 대답했다.

"이 보석과 관련된 이야기를 하나도 남김없이 모두 털어놓겠습니다. 폐하의 재산관리인은 아무런 공적도 없이 출세했는데, 그는 숲속에 구덩이 100개를 파라고 명령했습니다. 그러다가 얼마 후 그 가운데 한 구덩이에 바로 그가 빠지게되었고, 구덩이가 너무 깊어서 그는 도저히 빠져 나올 수가없었습니다. 그런데 바로 그 날 사자와 원숭이, 그리고 더러운 뱀도 거기 빠졌습니다.

그 당시 저는 매우 가난했고, 하루하루 살아가기에도 힘이벅찬 신세였습니다. 그래서 나뭇가지들을 긁어모으려고 당나귀를 끌고 숲속으로 걸어들어 갔습니다.

그랬더니 그가 구덩이에서 꺼내달라고 고함쳤습니다. 사자, 원숭이, 뱀 등 무시무시한 야수들에게 잡아먹히지 않도록 목숨을 구해달라고 소리쳤던 것입니다. 제가 구덩이에서그를 구해준다면 저와 모든 친척들을 엄청난 부자로 만들어주겠다고 약속했습니다. 그 말을 듣고 저는 크게 기뻐해서그를 꺼내주려고 기다란 밧줄을 아래로 내려보냈습니다. 그런데 사자, 원숭이, 뱀이 차례로 위로 올라왔고, 맨 나중에황제 폐하의 재산관리인이 올라왔습니다.

사자는 제게 귀한 짐을 실은 당나귀 열 마리를 몰아다 주었고, 원숭이는 제 당나귀가 실을 수 있을 만큼의 장작을 공급해 주었으며, 뱀은 이 보석을 주었습니다. 그러나 재산관리인은 제가 선행을 베풀었는데도 저를 죽도록 때려서 상처를 입혔습니다. 그래서 아내가 당나귀에 저를 싣고 집으로 돌아갔습니다."

그러한 설명을 듣고 나자 황제는 자신의 재산관리인에 대해서 몹시 화가 났다. 그래서 그를 불러 그가 저지른 고약한 짓을 따져 물었다. 그는 자기 잘못을 부인할 수가 없었기 때문에 아무런 변명도 하지 않았다. 그러자 황제가 말했다.

"이 악독한 놈아, 사자, 원숭이, 뱀과 같은 짐승들마저도 나무꾼의 선행에 대해 보답을 했는데, 이성을 가진 사람인 너는 구덩이에서 너를 꺼내주고 목숨을 살려준 그를 거의 죽도록 매질을 했단 말이냐?

그러므로 나는 너를 오늘 당장 교수대에 목을 매달라고 판결한다. 그리고 네 모든 재산과 토지는 기사가 된 기에게 넘겨줄 것이고, 나의 재산관리인이라는 네 지위도 그가 차지할 것이다."

황제의 말은 그대로 시행되었다. 이렇게 보상을 받아 황제의 재산관리인이 된 그는 평생 동안 모든 사람의 사랑을 받았고, 마침내 영예와 평화 속에 숨을 거두었다.

🌿 이 황제는 하늘나라의 아버지이고, 가난한 사람이란 어머니의 배를 통해서 발가벗은 채 연약한 몸으로 이 세상에 태어나는 사람을 말한다. 그는 "주님께서 가난한 사람들을 진흙탕에서 꺼내 위로 들어올려 주신다."고 한 시편의 말씀과 같이 나중에는 세상의 많은 재산과 큰 명예를 얻게 된다. 그런데 수많은 사람들은 자기 주제를 망각하고 주님을 부정하며, 깊은 구덩이들을 파게 만든다. 즉 가난한 사람들에 대한 불친절과 악의를 품는 것이다.

그런데 "다른 사람이 떨어지라고 구덩이를 파는 사람은 자기 자신이 거기 떨어진다."고 한 집회서의 구절과 같이, 악마는 자주 이런 사람들로 하여금 구덩이에 빠지게 만드는 것이다.

매일 당나귀를 끌고 나뭇가지들을 긁어모으려고 숲으로 간 가난뱅이 기는 독실하고 올바른 사람을 의미한다. 그는 이 세상이라는 숲에서 주님을 두려워한다. 그가 긁어모은 나뭇가지는 착하게 사는 단순한 생활을 의미한다. 그가 끌고 간 당나귀는 인간의 육체를 말하는데, 영혼은 육체와 함께 하늘나라의 집에서 기쁨을 누리고 살 것이다.

죄인이 죄라는 구렁텅이에 떨어질 때는 죄인인 재산관리인뿐만 아니라 사자와 원숭이와 뱀도 거기 빠진다. 유다 지파의 사자, 즉 예수 그리스도께서는 죄인이 은총을 받을 때마다 그와 함께 지상에 내려오신다. 그래서 시편에 "나는 그가 역경에 처해 있을 때 그와 함께 있다."는 구절이 있는 것이다.

가난뱅이 기는 사자, 즉 예수 그리스도를 덕행이라는 밧줄로 구덩이에서 꺼내준다. 그는 또한 원숭이, 즉 이성에 반대하는 감정도 구덩이에서 꺼내주는데, 이것은 감정이 이성에게 복종하도록 만드는 것이다. 모든 짐승 가운데서 원숭이가 사람과 가장 비슷한 것처럼, 영혼의 모든 능력 가운데 감정이 이성과 가장 가깝기 때문에, 감정은 이성에게 복종해야만 한다.

그가 뱀도 구덩이에서 꺼내주는 것은 회개를 의미한다. 여기에는 두 가지 이유가 있다. 우선 뱀은 입에 독을 품고 있고, 그 꼬리는 약이 된다. 그래서 회개가 처음에는 쓰디쓰지만, 결국에는 영혼에게 달디단 약이 된다. 그러므로 올바른 사람이라면 누구나 회개라는 뱀을 자기에게 끌어올려야만 한다.

맨 마지막에 그는 재산관리인을 구덩이에서 끌어올렸는데, 이것은 "나는 올바른 사람들을 부르러 왔을 뿐만 아니라 죄인들을 회개시키기 위해서도 왔다."고 한 그리스도의 말씀과 같다. 그리고 로마제국의 철학자 세네카는 네로 황제에게 학문과 덕행을 가르쳐 주었지만, 네로 황제는 여기 등장하는 재산관리인과 마찬가지로 자기 스승인 세네카를 죽였다.

이처럼 예수 그리스도께서는 다른 제자들에게나 유다에게나 다같이 기적을 행하는 능력을 주셨지만, 유다는 다지막에 스승을 배반했다. 또한 요즘은 악마의 수많은 자녀들이 선행보다는 악행을 더 즐겨

행한다. 특히 그들의 영혼과 육체를 철저하게 불신하는 사람들에게
그들은 악행을 기꺼이 행한다.

사자는 경건하고 올바르며 가난한 사람에게 많은 재산을 등에 진
당나귀 열 마리를 주었는데, 이것은 예수 그리스도께서 덕행으로 구
성된 십계명을 주신 것을 의미한다. 사람은 십계명을 통해서 하늘나
라의 큰 재산을 얻는다. 또한 원숭이는 올바른 사람이 신앙의 열매를
거둘 때마다 자주 나뭇가지들을 던져준다. 나무는 불을 피울 때, 그리
고 집을 지을 때 유익한 것이다. 그래서 "죄인 한 명이 회개하면 천사
들 사이에 큰 기쁨이 자리잡는다."고 한 성서 말씀과 같이, 완전한 사
랑은 천사들을 뜨겁게 만드는 것이다. 사랑은 또한 영혼이 올라오는
것에 대비해서 하늘나라에 집을 지어준다.

그리고 뱀은 세 가지 색깔의 광채가 나는 보석을 주었는데, 이 보석
은 우리가 회개를 통해서 찾는 예수 그리스도를 의미한다. 그래서 성
히에로니무스는 "죄를 지은 뒤에는 회개하라."고 말한다. '나는 살아
있는 돌이다.'라고 그리스도께서 말씀하신 것과 같이, 그분께서는 자
신이 보석임을 입증하신다. 그리스도께서는 세 가지 광채를 가지고
계신다. 이것은 아버지의 힘, 아들의 지혜, 그리고 성령의 겸손함이다.

그러므로 이 보석을 가지는 사람은 하늘나라의 왕국, 즉 슬픔이 없
는 기쁨, 가난함이 없는 풍요로움, 암흑이 없는 빛을 차지할 것이다.

32

황금 그릇, 순은 그릇, 납 그릇

• • • • •

옛날 로마에 안셀무스라는 강력한 황제가 살았다. 그는 예루살렘 왕의 딸과 결혼했다. 뛰어난 미모에 우아한 자태를 지닌 황후를 모든 사람이 우러러보았다. 그러나 오랫동안 황제와 함께 살았는데도 불구하고 황후는 아이를 낳지 못했다. 황제에게 후계자가 없었기 때문에 제국의 모든 귀족들이 몹시 슬퍼했다.

어느 날 밤 안셀무스 황제가 저녁식사를 마치고 정원에서 산책을 하면서 자기에게는 왜 후계자가 없는지, 그리고 바로 그 약점을 노려서 암플리우스의 왕이 자기에게 끊임없이 싸움을 걸어오는 데 대해서 곰곰 생각해 보았다.

황제는 깊은 슬픔에 젖어 자기 방으로 돌아와서 울다가 잠이 들었는데 한 가지 꿈을 꾸게 되었다. 즉 아침 하늘이 그어느 때보다도 한층 더 맑은데, 달의 한쪽이 다른 한쪽보다 한층 더 희미했던 것이었다. 이어서 그는 두 가지 색깔의 새를 한 마리 보았는데, 그 곁에 두 마리의 짐승이 선 채 그 작은 새에게 젖을 먹여주었다. 그 다음에 수많은 짐승이 나타나서는 새를 향해 고개를 숙여 절을 하고 다른 곳으로 가버렸다. 그 다음에 각종 새들이 나타나서 몹시 감미롭고 유쾌하게 노래를 불렀다. 그 때 황제가 꿈에서 깨어났다.

다음 날 아침 일찍 일어난 안셀무스 황제는 꿈을 회상하면서 그것이 무슨 의미를 지니는 꿈인지 몹시 궁금해졌다. 그래서 모든 철학자와 제국의 모든 제후들을 불러모은 뒤, 자기가 꿈을 꾸었는데 그 꿈이 무슨 뜻을 가진 것인지 말해보라고 명령했다. 꿈을 올바로 해석해준다면 많은 상을 받을 것이고, 제대로 해석하지 못한다면 사형에 처하겠다고 말했다.

그러자 그들이 말했다.

"폐하께서 무슨 꿈을 꾸셨는지 말해주십시오. 그러면 우리가 그 뜻을 말씀드리겠습니다."

그래서 황제는 앞에 설명한 꿈의 내용을 처음부터 끝까지 자세히 그들에게 말해주었다. 이윽고 철학자들이 자신 있게 대답했다.

"폐하께서 꾸신 꿈은 매우 좋은 것입니다. 즉 로마제국 전체가 예전보다 한층 더 밝아질 것이기 때문입니다. 그리고 달의 한쪽이 다른 쪽보다 더 희디한 것은 황후께서 아들을 임신했기 때문에 얼굴색의 일부를 잃어버린 것을 의미합니다. 또한 작은 새는 폐하께서 앞으로 얻으실 아들을 의미합니다.

작은 새를 젖먹이는 두 마리의 짐승은 이 제국의 지혜로운 사람들과 부자들이 모두 폐하의 아들에게 복종할 것이라는 뜻입니다. 다른 짐승들이 작은 새에게 절을 한 것은 수많은 나라들이 그에게 영광을 드린다는 뜻이고, 작은 새에게 감미로운 노래를 불러준 다른 새들은 그의 탄생을 기뻐하고 노래할 로마제국의 모든 국민입니다. 바로 이것이 폐하의 꿈에 대한 해석입니다."

그 말을 들은 황제는 크게 기뻐했다. 얼마 지나지 않아서 황후가 해산의 진통을 겪었고, 귀여운 아들을 낳았다. 그의 탄생은 황제에게 말할 수 없이 큰 기쁨이 되었다.

그 소식을 들은 암플리우스의 왕이 속으로 생각했다.

'자, 나는 평생 동안 황제와 전쟁을 해왔다. 이제 황제가 아들을 얻었으니, 그 아들이 어른이 되면 내가 자기 아버지에게 한 나쁜 짓에 대해서 복수할 것이다. 그러므로 나는 황제에게 서신을 보내 휴전과 평화를 요청하는 것이 나을 것이다. 그래야만 그의 아들이 어른이 되었을 때 내게 아무런 보복도 하지 못할 것이다.'

그런 생각을 한 왕은 평화를 원한다는 서신을 써서 황제에게 보냈다. 황제는 그 왕이 평화를 진정으로 사랑해서가 아니라 자기에 대한 두려움 때문에 서신을 보냈다고 간파하고 답장을 보냈다. 그 내용은 왕이 성실하게 평화를 지킬 의사가 있음을 증명하고, 평생 동안 로마황제인 자기를 섬기고 영광을 바치겠다고 서약하며, 일정한 액수의 조공을 바친다면 그와 평화조약을 맺겠다는 것이다.

　　황제의 답장을 받아 읽어본 왕이 신하들을 불러모은 뒤 이 문제를 어떻게 처리했으면 좋을지 의견을 물었다. 그러자 신하들은 대답했다.

　　"모든 일에 있어서 로마황제의 뜻에 복종하고 그 명령을 따르는 것이 좋겠습니다. 왜냐하면 황제는 제일 먼저 평화에 대한 폐하의 보장을 요구했는데, 이 문제에 대한 우리 대답은 이런 것입니다. 즉 폐하께서는 외동딸이 있으시고, 황제는 외아들이 있으니, 둘을 결혼시켜서 평화에 대한 영원한 계약을 맺는 것입니다. 또한 황제는 조공과 영광을 요구하는데, 이것도 들어주는 것이 좋겠습니다."

　　이윽고 왕이 황제에게 사신을 보내서 모든 일에 있어서 황제의 뜻을 따를 것이라고 알리는 한편, 황제가 원한다면 자기 딸과 황제의 아들을 결혼시키자고 제안했다. 이 모든 조건에 대해서 황제는 만족했다. 그러나 다시금 서신을 왕에게 보내서, 만일 왕의 딸이 태어났을 때부터 그때까지 계속해서 처녀의 순결을 유지했다면, 자기 아들과 결혼하는 데 동의할 것이라고 말했다. 왕은 자기 딸이 순결한 처녀였기 때문에 크게 기뻐했다.

그러므로 계약서에 서명하고 봉인을 한 뒤 왕은 규모가 크고 화려한 배를 한 척 마련했다. 그 배에는 많은 기사들과 귀부인들을 거느리고 왕의 딸이 탈 예정이었고, 황제에게 보낼 수많은 선물도 실을 작정이었다.

이윽고 그 배가 로마를 향해서 바다 위를 항해하고 있을 때 매우 심하고 무시무시한 폭풍우가 몰아치는 바람에 배가 암초를 들이받았고, 왕의 딸을 제외하고는 모두 물에 빠져죽었다. 그 공주는 오로지 주님께만 모든 희망을 걸었기 때문에 목숨을 건질 수가 있었다.

3시경에 폭풍우가 그쳤다. 부서진 배가 다시 떠올랐기 때문에 공주는 그 배를 몰고 앞으로 나아갔다. 그때 거대한 고래 한 마리가 뒤를 쫓아와서 공주와 배를 함께 집어삼킬 기세였다. 아름다운 이 공주는 밤이 되자 부싯돌로 불을 피웠고, 배 전체가 매우 밝아졌다. 고래는 빛을 두려워해서 감히 배에 달려들지 못하게 되었다.

다시 무서운 폭풍우가 몰아닥치고 배가 암초에 걸리지나 않을까 공주는 몹시 걱정을 하면서 새벽닭이 울 때에야 간신히 잠이 들었는데, 얼마 후 모닥불이 꺼지자마자 고래가 달려들어 이 처녀를 집어삼키고 말았다.

공주는 잠이 깨자 자기가 고래 뱃속에 들어있다고 깨달았다. 그래서 부싯돌로 모닥불을 피우고 칼로 고래에게 수많은 상처를 입혔다. 고통에 못 이긴 고래는 그 본능에 따라서 육지를 향해 헤엄치기 시작했다.

마침 그 해안에는 피리스라고 하는 백작이 살고 있었다. 그는 기분전환으로 바닷가를 거니는 습관이 있어서 마침 그 바닷가를 산책하는 중이었다. 고래가 다가오는 것을 본 그는 집으로 돌아가 힘이 센 남자들을 데리고 와서 고래와 싸웠다. 그리고 고래에게 심한 상처를 입혀 죽이고 말았다. 그러자 고래 뱃속에 있던 공주가 있는 힘을 다해 고함쳤다.

"저를 살려 주세요. 저는 왕의 딸이고 날 때부터 지금까지 순결한 처녀로 지냈습니다."

그 말을 들은 백작은 크게 놀라 고래의 옆구리를 가른 뒤 아름다운 공주를 밖으로 꺼냈다. 그렇게 구출된 공주는 자기가 누구의 딸이며, 어떻게 해서 바다에서 모든 재산을 잃었고, 어떻게 해서 황제의 아들과 결혼하게 되었는지를 설명했다. 사연을 듣고 난 백작은 더욱 기뻐했고, 공주가 완전히 기력을 회복할 때까지 보호하면서 위로해 주었다.

한편 백작은 황제에게 사신을 보내서 왕의 딸이 구출된 사실을 알렸다. 그 소식을 전해 들은 황제는 공주가 무사한 것을 알고 크게 기뻐했다. 그리고 공주가 도착하자 몹시 동정하며 말했다.

"착한 처녀인 너는 내 아들에 대한 사랑 때문에 많은 고생을 했다. 그러나 내 아들의 아내가 될 자격이 있는지 곧 시험해 보겠다."

그렇게 말을 한 황제는 그릇 세 개를 가져오라고 명령했다. 첫 번째 그릇은 안팎이 보석으로 장식된 순금 그릇인데, 안에는 죽은 사람의 뼈가 가득 들었고, 바깥에는 '나를 선택하는 사람은 그에게 적합한 것을 발견할 것이다.' 라는 문구가 새겨져 있었다. 두 번째 그릇은 순은 그릇인데, 안은 흙과 지렁이로 가득 찼고, 바깥에는 '나를 선택하는 사람은 그의 본성에 적합한 것을 발견할 것이다.' 라는 문구가 새겨져 있었다. 세 번째 그릇은 납 그릇인데, 안은 보석으로 가득 찼고, 바깥에는 '나를 선택하는 사람은 주님께서 그에게 주시는 것을 발견할 것이다.' 라는 문구가 새겨져 있었다.

황제가 그 세 가지 그릇을 그 처녀에게 보여주면서 말했다.

"자, 귀중한 이 그릇들을 보라. 만일 너 자신과 다른 사람에게 이익이 되는 그릇을 선택한다면 너는 내 아들과 결혼할 것이다. 그러나 너에게도 다른 사람에게도 이익이 되지 않는 그릇을 선택한다면 너는 내 아들과 결혼하지 못할 것이다."

그 그릇들을 본 처녀는 주님을 향해서 두 팔을 들고 기도했다.

"모든 것을 다 아시는 주님, 제가 황제의 아들을 받아들일 수 있도록 지금 이 시간에 은총을 내려주십시오."

그런 다음 순금 그릇을 바라보았다. 그리고 거기에 '나를 선택하는 사람은 그에게 적합한 것을 발견할 것이다.' 라고 멋지게 새겨진 문구를 읽고 나서 말했다.

"이것이 비록 순금으로 만든 훌륭한 그릇이기는 하지만, 저는 그 안에 무엇이 들어 있는지 모르니까 선택하지 않겠습니다."

이어서 순은 그릇을 바라보았다. 그리고 거기에 '나를 선택하는 사람은 그의 본성에 적합한 것을 발견할 것이다.' 라고 새겨진 문구를 읽고 나서 말했다.

"안에 무엇이 들었는지도 모르면서 제가 이 그릇을 선택한다면, 본성이 원하는 것을 그릇 안에서 발견할 것입니다. 그런데 제 본성이 원하는 것은 육체의 쾌락이므로 저는 이것을 선택하지 않겠습니다."

두 가지 그릇에 관한 대답을 하고 난 처녀가 이번에는 세 번째 그릇인 납 그릇을 바라보았다. 그리고 거기에 '나를 선택하는 사람은 주님께서 그에게 주시는 것을 발견할 것이다.' 라고 새겨진 문구를 읽고 나서 말했다.

"이 그릇은 값비싼 것도 아니고 보석으로 장식되지도 않았습니다. 그러나 '나를 선택하는 사람은 주님께서 그에게 주시는 것을 발견할 것이다.' 라고 바깥에 새겨져 있는데, 주님께서는 절대로 해를 끼치는 법이 없는 분이시니 모든 것을 주님께 맡긴 채 저는 이 그릇을 선택하겠습니다."

그 말을 들은 황제가 말했다.

"착한 처녀여, 네 그릇을 열어 보라. 거기에는 보석이 가득 차 있을 것이다. 그리고 네가 잘 선택했는지 확인하라."

젊고 아름다운 공주가 납 그릇을 열어 보고 황제가 말한 것처럼 가득 찬 순금과 보석을 발견했다.

이윽고 황제가 말했다.

"사랑하는 딸아, 너는 지혜로운 선택을 했으므로 내 아들과 결혼을 허락한다."

그리고 황제는 성대한 결혼식을 준비하라고 명령했다. 더없이 큰 영예를 받아 결혼한 두 사람은 그 후 행복하게 살았다.

이 황제는 하늘나라의 아버지인데, 그분께서는 오랫동안 친아들을 두지 못했다. 그래서 수많은 사람들이 지옥에 떨어질 위험에 처한다. 황후는 가브리엘 천사가 "보십시오. 당신은 잉태하여 아이를 낳을 것입니다."라고 말했을 때 임신했다. 이윽고 이 아이가 자기 탄생으로 이 세상을 밝게 만들 때 하늘이 맑게 개인 것이다.

달의 한쪽이 아주 희미하게 변한 것은 성모 마리아의 얼굴을 성령의 은총과 힘이 덮어서 가렸다는 것을 의미하고, 성령의 은총과 힘은 마리아의 얼굴뿐만 아니라 몸도 덮어 가렸는데, 이것은 마리아가 다른 여자들과 마찬가지로 임신을 하자 요셉이 마리아를 몰래 버리고 멀리 떠나버리려고 한 것을 말한다.

달의 한쪽에서 나온 작은 새는 우리 주 예수 그리스도를 말하는데, 성모 마리아는 한밤중에 그를 낳아서 포대기로 싼 뒤 소 외양간에 뉘었다. 짐승 두 마리는 요셉이 데리고 온 소와 당나귀인데, 이 짐승들이 그리스도의 탄생을 경축했다. 그리고 멀리서 온 다른 짐승들은 들판에 있던 목자들을 말하는데, 이들에 관해서는 "보라, 내가 너희에게 커다란 기쁨을 보여주었다."고 천사가 말했다.

몹시 감미로운 노래를 부른 다른 새들은 그리스도의 탄생을 보고 "하늘에서는 주님께서 영광을 받으시고 땅에서는 사람들이 평화를 누린다."고 즐겁게 노래한 천사들을 의미한다.

로마황제와 전쟁을 일삼은 암플리우스의 왕은 악마의 손아귀에 잡혀있는 동안 주님을 거슬러서 싸움을 계속하는 인류 전체를 말한다. 그러나 우리는 우리 주 예수 그리스도께서 태어나셨을 때 즉시 주님께 허리 굽혀 절하고, 세례를 받을 때는 우리가 오로지 주님께만 나아가고 악마와 그의 모든 사치를 끊어버리겠다고 약속하기 때문에 평화를 요청하는 것이다. 이 왕은 자기 딸을 황제의 아들과 결혼시킨다. 이와 같이 우리는 각자 자기 영혼을 하늘나라의 아버지의 아들과 결혼시켜야만 한다. 하늘나라의 아버지의 아들은 "나는 그 여자와 결혼하겠다."고 한 성서 말씀대로 우리 영혼을 자기 배우자로 맞이할 준비가 항상 되어 있으시기 때문이다.

그러나 영혼이 하늘나라의 궁전에 도달하기 위해서는 착한 생활이라고 하는 배를 타고 이 세상이라는 바다를 건너가야만 한다. 그런데 이 세상이라는 바다에서는 자주 격심한 폭풍우가 일어난다. 즉 속세의 각종 걱정거리, 육체의 유혹, 악마의 부추김 등이 갑자기 들이닥쳐서 영혼이 세례 때 받은 미덕들을 익사시킨다. 그럼에도 불구하고 영혼은 사랑의 배를 완전히 잃어버린 것이 아니라, "신앙이 우리를 구원한다."고 한 사도의 말과 같이 신앙과 희망을 통해서 그 배에 여전히 타고 있다. 신앙과 희망이 없이는 구원을 받을 수 없기 때문이다.

처녀의 뒤를 따라가던 거대한 고래는 악마를 의미한다. 그는 영혼을 죄로 정복하려고 밤낮으로 숨어서 노린다. 그러므로 우리는 처녀가 한 것과 같이 부싯돌, 즉 그리스도를 이용해서 사랑과 자비의 불을 피워야 한다. 그러면 악마는 우리를 괴롭힐 힘이 없을 것이다.

수많은 사람이 처녀가 한 것처럼 처음에는 지혜롭게 행동하지만, 마침내 자기 선행에도 싫증을 내고 죄 속에서 잠이 들고 만다. 그러면 악마가 즉시 그런 상태를 파악한 다음, 사악한 생각과 쾌락에 젖고 악마의 유혹에 동의하고 따르는 죄인을 잡아먹는다. 그러므로 악마의 지배를 받는 생활을 하는 사람이라면 처녀의 행동을 그대로 본받아야 한다. 즉 진실한 회개의 칼로 악마를 베어버리고, 사랑의 불을 피워야 하는 것이다. 그러면 악마는 그를 틀림없이 선한 생활의 육지에 토해 낼 것이다.

고래를 죽이기 위해서 하인들을 데리고 온 백작은 훌륭한 성직자를 의미한다. 그가 바닷가에 산다는 것은 이 세상의 가장자리에 산다는 것을 말한다. 그는 세상 속에서 살지 않는다. 즉 속세의 쾌락에 물들지 않고, 악마를 죽이고 그 힘을 없애기 위해 성서를 통한 선행을 할 준비가 항상 되어 있다. 그래서 우리는 처녀의 행동을 본받아 우리 죄를 솔직하게 인정하는 고함을 힘껏 질러야만 한다. 그러면 우리는 악마로부터 구출되고 덕행의 실천으로 양육될 것이다.

황제는 처녀에게 세 가지 그릇을 보여준다. 즉 주님께서는 사람에게 삶과 죽음, 선과 악을 내보이면서 선택하라고 하시는 것이다. 그래서 삼손은 "사람 앞에는 죽음과 삶이 놓여 있다. 사람은 자기가 원하는 대로 선택한다."고 말한다. 그러나 사람은 죽음보다는 삶을 확실하게 선택할 것이라는 자신이 없다.

죽은 사람의 뼈로 가득 찬 첫 번째의 황금 그릇은 세속의 권력자들과 부자들을 말한다. 그들의 외면은 황금처럼 이 세상의 재산과 사치로 번쩍거린다. 그러나 그들의 속은 죽은 사람의 뼈, 즉 이 세상에서 행한 악행들로 가득 차 있다. 그래서 그들은 중대한 죄를 지어 주님 눈에는 죽은 사람과 같은 것이다. 그러므로 이러한 생활을 선택하는 사람은 그가 당연히 받아야 할 것, 즉 지옥을 얻을 것이다. 또한 이러한 사람들은 겉은 흰색으로 멋지게 칠하고 황금과 비단으로 뒤덮었지만 안은 마른 뼈만 들어있는 무덤과 같다.

두 번째의 순은 그릇은 재판관들과 지식층을 의미한다. 그들은 말을 잘 하는 능력으로 빛나지만, 속은 더러운 흙과 지렁이로 가득 차 있다. 말을 잘하는 능력도 심판의 날에는 지렁이에 불과할 뿐, 그들에게 아무런 도움이 되지 못할 것이다. 중대한 죄의 상태에서 죽으면 그들은 영원한 고통을 당할 것이기 때문이다.

황금과 보석으로 가득 찬 세 번째의 납 그릇은 가난하고 단순한 삶을 의미한다. 주님의 선택을 받은 사람들은 이러한 생활을 선택한다. 그들은 겸손과 복종을 통해서 우리 주 예수 그리스도와 결혼하기를 원하기 때문이다. 그들은 보석, 즉 신앙과 주님께서 기뻐하시는 선행을 몸에 지닌다. 그 결과, 그들은 심판의 날에 우리 주 예수 그리스도와 결혼하고 하늘나라의 유산을 상속한다.

33

아버지에게 마실 것을 거절한
젊은 황제

· · · · ·

옛날 로마에 칼로포두스라는 강력한 황제가 살았다. 그는 아름다운 귀부인과 결혼해서 잘 생기고 튼튼한 아들을 낳았다. 그 아이는 자라서 학교에 다니게 되었다. 그리고 20세가 되자 아버지의 유산을 받고 싶어서 황제에게 말했다.

"아버지는 나이가 너무 많아서 로마제국을 다스리기 어렵게 되었습니다. 그러니까 나라를 제게 넘겨주십시오. 그것이 아버지에게도 유익할 겁니다."

황제는 아들에게 말했다.

"아들아, 로마제국이 네 손에 넘어가면 네가 내 뜻에 충실하게 나라를 다스리지 못할까 몹시 두렵다."

그러자 자기 남편인 황제보다도 아들을 더 사랑하던 황후가 말했다.

"그럴 리가 없어요. 당신은 외아들 하나밖에 없으니까 그는 모든 일에 있어서 당신 뜻을 충실하게 따를 거예요. 그리고 제국의 모든 신하들이 그를 잘 도와줄 거예요. 따라서 제국을 그에게 넘겨주는 것이 가장 좋은 방법이지요."

이윽고 황제가 대답했다.

"그러면 나는 복종을 약속하는 서약서를 먼저 아들에게서 받겠소. 그가 내 뜻에 거슬리는 일을 한다면, 즉시 로마제국을 그의 손에서 빼앗아 버릴 거요."

아들이 그 말에 동의하고 서약서를 작성해서 서명을 한 후 봉인했다. 그렇게 해서 제국을 물려받은 젊은 황제는 대단히 오만해져서 주님도 사람들도 두려워하지 않았고, 많은 해를 끼쳤다.

아무도 새 황제의 악행을 고쳐줄 수가 없었기 때문에 늙은 아버지는 모든 것을 꾹 참고 지냈다.

드디어 로마제국 전체에 극심한 흉년기 들어 수많은 사람들이 먹을 것이 없어서 굶어죽었다. 제국을 물려주고 혼자 살게 된 늙은 황제도 먹을 것이 떨어져서 할 수 없이 아들에게 식량을 달라고 요청했다. 아들은 한동안 잠자코 먹을 것을 대주었다.

얼마 후 늙은 황제가 병이 들었다. 그래서 황제는 아들을 불러다가 포도즙을 한 잔 달라고 부탁했다. 그러자 아들이 대답했다.

"제 포도즙은 아버지 체질에 맞지 않아서 드리지 못하겠습니다."

늙은 황제가 말했다.

"아들아, 그러면 포도주를 한 잔 주면 좋겠다."

아들이 대답했다.

"드릴 포도주가 전혀 없습니다. 제 포도주가 아직 익지 않았기 때문입니다. 만일 제가 익기도 전에 통을 열면 포도주 맛이 변할 것입니다. 그러니까 포도주가 완전히 숙성해서 익을 때까지 가져다 드릴 수가 없습니다."

"그러면 2급 포도주라도 좀 주면 좋겠다."

"그것도 안 됩니다. 왜냐하면 2급 포도주는 너무 독해서 병자가 마시기에 적절하지 않기 때문입니다."

늙은 황제는 4급 포도주라도 달라고 간청했다. 아들은 황제에게 대답했다.

"4급 포도주는 너무 약하고 맛이 없어서 안 되겠습니다. 그런 포도주는 아버지에게 전혀 도움이 안 됩니다."

"5급 포도주라도 좋으니까 좀 가져와라."

"그건 찌꺼기가 너무 많이 든 것이라서 안 됩니다. 사람은 물론이고 돼지에게도 줄 수 없는 겁니다."

늙은 황제는 아들에게서 아무 것도 얻을 수 없다는 것을 깨달았다.

얼마 후 건강을 완전히 회복한 그는 예루살렘의 왕에게 가서 자기 아들을 고발했다. 자기에게 복종을 맹세한 아들의 서약서를 내보이고 자기가 아들을 즉시 로마제국에서 추방하게 해달라고 요청했다.

그 말을 들은 왕이 황제의 아들을 불러서 아버지의 주장에 대해 답변을 하라고 명령했다. 아들이 왔지만 타당한 이유를 대서 답변을 할 수가 없었다.

그래서 예루살렘의 왕은 그 아들을 제국에서 추방하고 나라를 아버지에게 다시 돌려주었다. 늙은 황제는 죽을 때까지 자기 나라를 다스렸다.

🌿 "그분께서 아무 것도 없이 너를 만드셨고 또한 너를 소유하고 있는 아버지이시다."라고 시편이 말하듯이, 이 황제는 우리 주 예수 그리스도이다. 황제의 아들은 우리 각자를 의미한다. "그분께서는 우리 주님께 하늘을, 사람에게 땅을 주셨다."고 한 성서 구절과 같이, 황제는 아들인 우리에게 이 세상이라는 자기 제국을 전부 내주었다.

우리는 세례를 받을 때부터 우리 주 예수 그리스도께 복종할 의무를 진다. 즉 충실하게 그분을 섬기고, 악마와 그 허영과 사치를 끊어버리겠다고 우리가 약속했기 때문이다.

어느 날 늙은 황제가 병에 걸린 것은 그리스도교 신자가 계명을 어기고 죄를 지을 때마다 우리 주 예수 그리스도께서는 고통을 당하신다는 의미이다. 주님께서는 우리 영혼의 도움을 애타게 기다리시고, 그래서 첫 단계의 포도즙을 달라고 요청하신다. 즉 자기에게 봉사하면서 우리가 어린 시절을 보내라고 요구하시는 것이다.

그러나 사악하고 오만한 인간은 대답한다.

"포도즙은 냄새가 납니다. 즉 어린이는 너무 연약하고 어려서 주님을 섬기기 시작하기에는 너무 이릅니다."

그러나 이것은 틀린 말이다. 태어난 지 하루만 지나도 어린애는 죄가 없다고 할 수 없기 때문이다. 그래서 성 그레고리우스는 "아무리 나이가 어리다 해도 아이들은 아버지 품에서 물건을 꺼낸다."고 자기 대화록에서 말했다.

　사람의 유아시절의 포도즙을 받을 수 없다고 깨달은 주님께서는 포도주를 달라고 하신다. 그러나 사악한 인간은 자기 포도주가 아직 맑게 익지 않았다고 대답한다. 즉 주님께 자기 어린시절을 바칠 수가 없다는 것이다.

　그래서 주님께서는 3급 포도주, 즉 젊은 시절을 달라고 요청하신다. 그러나 사악한 인간은 그 포도주가 너무나 독해서 바칠 수가 없다고 대답한다. 즉 젊은 시절에는 속세의 사업에 돋두해야지 자기세력을 약하게 만드는 선한 생활을 할 수 없다는 것이다.

　그러자 주님께서는 4급 포도주, 즉 장년시절을 달라고 요구하신다. 그러나 사악한 인간은 나이 든 사람은 몸이 약하기 때문에 단식을 할 수 없다고 대답한다. 그리고 회개도 하지 않는다. 그가 죽으면 자기 탓에 죽는 것이다.

　이윽고 주님께서는 5급 포도주, 즉 기어다니거나 지팡이가 없으면 걸을 수 없는 노년시절을 달라고 요구하신다. 그러나 사악한 인간은 그런 포도주는 너무나 약한 것이라서 허약한 노인에게는 적합하지 않다는 변명을 늘어놓는다. 즉 노년기에 하루라도 단식한다면 당장 그 다음 날 죽을 것이라고 대답하는 것이다. 5급 포도주마저 얻기가 틀렸다고 판단한 주님께서는 6급 포도주, 즉 사람이 눈이 멀어서 더 이상 죄를 지을 수 없게 된 시절을 달라고 요구한다. 주님께서는 그런 사람도 포도주를 마시기를 원하신다. 즉 그의 영혼을 도와주기를 원하시는 것이다. 그러나 사악한 인간은 절망 속에 주저앉은 채 말한다.

"내 신세는 얼마나 불행한가! 나는 나를 창조하시고 구원해주신 주님을 섬기지 않았기 때문이다. 과거에 나는 이 세상에서 젊었고 또 크게 번영을 누렸지만, 이제는 모든 비참함이라는 찌꺼기만 내게 남았다. 그러니 이제 어떻게 내가 주님께 돌아갈 수가 있단 말인가?"

그럼에도 불구하고 주님께서는 한없이 자비로우시기 때문에 사람이 평생 동안 자기를 섬기지 않는다 해도 그의 시간의 찌꺼기라도 받기를 원하신다. 즉 사람의 선의만이라도 받기를 원하시는 것이다. 그가 자기를 섬기지 않는다 해도, 회개하는 생활 대신에 선의가 그를 지지해 주도록 하시려는 것이다.

에제키엘 예언자가 증언한 것과 같이 죄인은 회개하는 순간에 구원을 받을 것이다. 그러나 주님께 포도주도 다른 음료도 전혀 제공하지 않는 사람들이 많다. 그래서 주님께서는 예루살렘의 왕, 즉 심판의 날 아버지께 가서 고발하신다. 그리고 주님께서는 "내가 굶주릴 때 너희는 내게 먹을 것을 주지 않았고, 내가 목이 마를 때 마실 것을 주지 않았다."고 말하면서 죄인들에게 판결을 내리실 것이다. 이러한 기준으로 주님은 우리 신앙의 결실을 가리실 것이다. 판결을 내리고 난 다음 주님께서는 죄인들에게는 영원한 고통을, 올바른 사람들에게는 영원한 행복을 주실 것이다. 올바른 사람들은 한없는 기쁨을 누릴 것이다.

34

죄수 청년을 구출해서
함께 달아난 황제의 딸

• • • • •

옛날 로마에 안토니우스라는 강력한 황제가 살았다. 그가 제국을 다스리고 있을 때 바다의 해적들이 다른 나라 권력자의 아들을 포로로 잡아 손발을 단단히 묶은 뒤 황제의 궁전에 있는 감옥에 처넣었다.

그렇게 감옥에 갇히게 된 젊은이는 자기 자유를 찾기 위한 몸값을 보내달라고 아버지에게 편지를 써서 보냈다. 그러나 그의 아버지는 몸값이든 뭐든 아무 것도 보내지 않겠다고 선언했다.

그 소식을 들은 아들은 매우 슬프게 울었고, 무정하기 짝이 없는 아버지 때문에 어떠한 위로도 받으려 하지 않았다.

이 황제에게는 아름다운 공주가 있었는데, 날마다 감옥에 갇힌 젊은이를 찾아가서 있는 힘을 다해 위로해 주었다.

얼마 후 젊은이가 공주에게 말했다.

"이렇게 손발이 꽁꽁 묶인 채 사람들이 들여다보지 못하는 감옥에 갇혀 있는 처지인데, 내가 어떻게 즐거워하고 기뻐할 수가 있겠습니까? 게다가 우리 아버지는 내 몸값을 지불하지 않을 작정이란 말입니다."

그 말을 들은 공주는 몹시 동정하며 말했다.

"당신 처지가 참 안됐어요. 그런데 제 소원을 한 가지 들어준다면 당신을 이 고통과 불행에서 구해주겠어요."

"무슨 소원입니까?"

"저를 당신 아내로 삼아달라는 거예요."

그러자 죄수인 그 젊은이는 대답했다.

"당신 소원을 틀림없이 들어주겠습니다. 그리고 내 말을 한층 신뢰하도록 하기 위해 나는 지금 당장 당신과 부부의 언약을 하겠습니다."

젊은이의 그 말을 듣고 얼마 지나지 않아 공주는 그를 구출해 그의 아버지 집으로 달아났다. 처녀를 데리고 온 아들을 보자 그의 아버지는 왜 그 처녀를 데리고 왔는지 물었다.

그래서 아들이 대답했다.

"이 처녀가 저를 감옥에서 구출해 주었습니다. 그러므로 제 아내로 삼을 것입니다."

아버지가 아들에게 대꾸했다.

"이 처녀가 네 아내가 되는데 나는 전적으로 반대한다. 거기에는 두 가지 이유가 있다.

첫째 이유는 너도 알겠지만, 이 처녀의 아버지인 로마황제는 너를 석방하는 대신 엄청난 액수의 돈을 받을 기회가 있었지만 놓치고 말았다. 이 처녀는 자기 아버지를 배신하고 네게는 충실했던 것이다. 자기 아버지를 배신하는 여자는 다른 남자도 아주 쉽게 배신할 것이므로, 너는 이 처녀를 그리 오랫동안 신뢰하지 못할 것이 뻔하다.

둘째 이유는 이 처녀가 너를 감옥에서 구출해준 것은 동정심 때문에 그런 것도 아니고 사랑 때문에 그런 것도 아니다. 오로지 너에 대해서 품고 있던 육체적 욕정 때문에 구출해 준 것이다. 왜냐하면 구출해 주는 조건으로 이 처녀는 자기를 아내로 삼아달라는 약속을 하도록 했고, 부부의 언약을 받아냈기 때문이다. 그러므로 아들아, 이 처녀가 네 아내가 되는 것은 옳지 않은 것이다."

그 말에 곁에서 듣고 있던 처녀가 말했다.

"제가 아버지를 배신했다고 비난하는 당신의 첫 번째 이유는 옳지 않아요. 왜냐하면 우리 아버지는 재산이 엄청나게 많지만 당신 아들은 가난하기 때문에, 바로 동정심에서 구출해 준 것이기 때문이지요. 반면 당신은 그의 아버지이면서도 그를 감옥에서 구출하기 위한 돈값을 지불하려고 하지 않았어요.

바로 이러한 이유 때문에 제가 그를 구출해준 겁니다. 그러니까 아버지인 당신보다도 제가 그에게 더 친절했고, 그래서 그는 당신보다도 제게 더 의지했던 것입니다.

그리고 육체적 욕정 때문에 제가 구출했다고 하는 둘째 이유에 대해서는 그것이 옳지 않다는 것을 명백하게 밝혀주겠어요. 육체적 욕정이라고 하면 모두 육체적 힘 또는 미모가 일으키는 것이지요.

그런데 당신 아들은 감옥에 갇혀서 모든 힘을 잃었기 때문에 육체적 힘을 지니고 있지 못했어요. 또한 당신 아들은 감옥에서 받은 고통으로 기가 꺾이고 눈도 침침해졌기 때문에 미모도 없었어요."

그러자 아들이 아버지에게 말했다.

"저는 감옥에 갇혀서 죽음을 앞두고 있을 때 몸값을 보내서 저를 구출해 달라고 아버지에게 편지를 썼는데, 아버지는 도움을 거절했습니다. 그러나 이 처녀는 친절과 동정심 때문에 저를 죽음에서 구하고 감옥에서 구출해 주었습니다. 그러므로 제 아내가 될 것입니다."

결국 아들은 공주와 성대한 결혼식을 올리고 죽을 때까지 함께 살았다.

🌿 이 황제는 하늘나라의 아버지이고, 바다의 해적들에 게 사로잡힌 젊은이는 온 인류를 의미한다. 인류는 우리 선조 아담의 죄 때문에 악마에게 포로로 잡혀서 지옥의 감옥에 갇혀 엄청난 슬픔 과 고통을 겪는다.

젊은이의 아버지가 몸값을 지불하려고 하지 않는 것은 세상이 인류 를 위해 아무 것도 하지 않으려는 것을 의미한다.

황제의 아름다운 공주는 주님을 의미하는데, 그분께서는 하늘에서 내려오셔서 동정녀 마리아의 몸에서 인간성을 얻으시고, 인류를 배우 자로 삼아 정신적인 결혼을 하신다. 천사들의 시중을 받으면서 사시는 하늘나라의 생활을 버리신 채 아래로 내려와 이 비참한 눈물의 계곡 에서 우리와 함께 사시게 된 그분께서는 인류와 결혼하시기 위해 인 류를 지옥의 감옥에서 구출해 준 것이다.

그런데 젊은이의 아버지, 즉 세상은 항상 젊은이를 반대해서 불평 을 늘어놓고, 사람의 영혼이 예수 그리스도의 배우자가 되는 것을 반 대한다. 오히려 영혼이 자기를 항상 섬기고 우리 주님을 버리라고 요 구한다.

그러므로 우리가 만일 세상과 속세의 허영을 따른다면 틀림없이 악 마의 함정에 빠질 것이다.

35

모든 증인의 입을
막아버리는 기사의 꾀

· · · · ·

옛날 로마에 알렉산더라는 고귀한 황제가 살았다. 그는 재산이 엄청나게 많았지만, 모든 미덕 가운데서도 특히 관대함의 미덕을 가장 사랑했다. 그런데 그는 괴상한 법을 만들어서 공포했다. 즉 누구든지 자기와 식사를 할 때는 접시에 담긴 넙치를 뒤집어 먹으면 사형을 받는다고 하는 법이었다. 하얀 쪽만 먹고 검은 쪽을 먹으면 안 되는데, 이것을 어기면 무조건 사형을 당해야만 하는 것이었다.

그러나 사형을 당하기 전에 그는 자기 목숨을 살려달라는 것 이외에 세 가지 소원을 황제에게 요청할 수 있고, 그 요청은 모두 황제가 들어준다고 했다.

하루는 멀리 이상한 나라에 사는 백작과 그 아들이 황제를 찾아와서 만났다. 백작이 식탁에 초대되어 자리에 앉았을 때 넙치를 담은 접시가 앞에 놓였다. 그는 몹시 배가 고팠고 생선요리가 구미를 재촉했기 때문에 하얀 쪽을 다 먹고 난 뒤에 검은 쪽을 뒤집어서 먹기 시작했다. 황제의 법을 어겼다는 죄로 그는 고발되었다.

그러자 황제가 말했다.

"법에 따라서 그를 즉시 처형하라."

백작을 따라왔던 아들은 아버지가 사형을 당하게 되었다는 소식을 듣자 황제 앞에 무릎을 꿇고 말했다.

"폐하, 우리를 사랑해서 스스로 십자가에서 돌아가신 주님의 사랑을 보셔서라도, 제가 아버지 대신에 죽게 해주십시오."

황제가 대답했다.

"법을 어긴 죄로 누군가 죽어야 하니까 네가 죽는 것을 허락하겠다."

백작의 아들이 황제에게 말했다.

"저는 이왕 죽게 된 마당이니까 폐하의 법이 정한 대로 죽기 전에 세 가지 소원을 말씀드리겠습니다. 이 소원들은 반드시 들어주셔야 합니다."

"소원을 말해보라. 아무도 거절하지 못할 것이다."

그러자 백작의 아들인 젊은 그 기사가 말했다.

"폐하는 외동딸을 두고 계신데, 우선 저는 죽기 전에 그 공주와 하룻밤을 자고 싶습니다."

황제는 법을 지키고 싶은 마음이 내키지 않았지만, 젊은 기사의 소원을 들어주고 말았다.

그러나 젊은 기사는 그날 밤 공주의 순결을 빼앗지 않았다. 그리고 다음 날 황제에게 두 번째 소원을 말했다.

"폐하의 보물을 모두 제게 주십시오."

황제는 자기가 만든 법을 스스로 어긴다는 말을 듣기 싫어서 그 소원도 들어주었다. 황제의 모든 보물을 받은 기사는 가난한 사람들과 부자들에게 그 보물을 골고루 나누어주었고, 그 결과 모든 사람들의 마음을 휘어잡았다.

"저의 세 번째 소원은 제 아버지가 넙치의 검은 쪽을 먹는 장면을 본 사람들의 눈을 모조리 뽑아버려 달라는 것입니다."

황제는 백작이 넙치를 뒤집어서 검은 쪽을 먹는 장면을 누가 보았는지 심문하기 시작했다. 그러나 백작이 생선을 뒤집는 것을 본 사람들은 속으로 생각했다.

'백작이 법을 어기는 것을 보았다고 인정한다면 우리는 모두 눈을 뽑히고 말 것이다. 그러므로 입을 다물고 가만히 있는 것이 더 낫다.'

결국 백작이 법을 어겼다고 주장하는 사람은 하나도 없었다. 그것을 본 백작의 아들은 황제에게 말했다.

"우리 아버지를 고발하는 사람이 하나도 없습니다. 그러므로 폐하께서는 옳은 판결을 내려 주십시오."

황제는 대답했다.

"백작이 넙치를 뒤집는 것을 보았다고 나서는 사람이 하나도 없다. 그러므로 네 아버지는 사형을 당하지 않을 것이다."

이렇게 해서 백작의 아들은 아버지의 목숨을 구했을 뿐만 아니라 황제가 죽은 뒤에는 공주와 결혼해서 행복하게 살았다.

이 황제는 하늘나라의 아버지인데, 넙치의 검은 쪽을 뒤집지 말라는 법을 만들었다. 즉 누구든지 탐욕과 속임수로 출세하거나 많은 재산을 모으려고 해서는 안 된다는 것이다.

황제를 찾아온 백작은 우리 선조인 아담인데, 그는 에덴의 땅에서 떠나 낙원의 궁전으로 들어갔고, 사과를 먹음으로써 넙치의 검은 쪽을 뒤집은 것이다. 그래서 영원한 죽음의 벌을 받게 되었다.

백작의 아들은 우리 주 예수 그리스도를 의미한다. 왜냐하면 그분께서는 아담으로부터 육체를 받으셨고, 아담을 위해 자진해서 죽으려하셨기 때문이다. 하늘나라의 아버지께서는 그가 지상으로 내려가 인류를 위해 죽는 것을 허락하셨다.

그러나 그분께서는 죽기 전에 하늘나라의 아버지께 세 가지 소원을 말씀하셨다. 첫째 소원은 황제의 딸, 즉 사람의 영혼을 달라고 한 것이다. "나는 그 여자를 나의 아내로 삼을 것이다."라고 한 호세아 예언자의 말대로 그분께서는 영혼을 하늘나라의 품으로 데리고 가신다.

둘째 소원은 황제의 모든 보물, 즉 하늘나라의 모든 보물을 달라고 하신 것이다. 이것은 "아버지께서 내게 주신 것처럼 나도 네게 준다."고 한 성서의 말씀과 같다.

셋째 소원은 증인들의 모든 눈을 뽑아버리라는 것인데, 이것은 날마다 사람을 고발하는 악마로부터 하늘나라의 은총의 빛을 빼앗으라는 것이다. 이렇게 해서 그분께서는 인류를 구하셨고, 하늘의 궁전으로 인도하셨다.

36

살해된 신하들을 되살리는 샘물

· · · · ·

옛날 로마에 레미쿠스라는 강력한 황제가 살았다. 하루는 기분 전환을 하려고 말을 타고 숲속으로 들어갔는데 숲속에서 가난한 젊은 청년을 만났다.

"어디에 사는 누구인가?"

가난한 청년이 대답했다.

"저는 이웃 도시에 사는 폐하의 백성입니다."

"너는 매우 가난한 청년이구나. 네가 착하고 진실하게 살겠다고 약속한다면 내가 네게 많은 재산을 주고 높은 자리에 앉히겠다."

그러자 가난한 청년은 대답했다.

"죽을 때까지 폐하께 충성을 바치기로 맹세합니다."

황제는 즉시 그를 기사로 만들었고 많은 재산을 주었다. 그렇게 출세하고 나자 그는 너무나도 오만해져서 황제보다도 자기가 더 나라를 잘 다스릴 자격이 있다고 생각하게 되었다. 그래서 로마제국의 여러 제후들의 힘을 빌려서 황제의 자리를 빼앗으려고 제후들에게 반역을 충동질했다.

그 소식을 들은 황제는 그 기사뿐만 아니라 음모에 가담한 모든 제후들을 로마제국에서 추방했다. 그래서 그들은 지독한 가난과 슬픔 속에서 비참한 생활을 하게 되었다. 이어서 황제는 그들 대신 다른 사람들을 높은 자리에 앉히고는 반역자들의 모든 재산을 그들에게 나누어주었다.

귀양살이를 하고 있던 반역자들은 엉뚱한 사람들이 자기들의 모든 재산과 토지를 차지했다는 말을 듣고 음모를 꾸미고, 새로 출세한 사람들을 큰 잔치에 초대했다. 그들의 음모를 알지 못하는 순진한 손님들이 지정된 날에 잔치에 참석해서 많은 음식을 먹었다. 독이 든 그 음식을 먹은 수많은 손님들은 그 자리에서 죽었다.

그 소식을 들은 황제는 매우 화가 나서 신하들을 불러모은 뒤 그들의 반역죄와 자기 신하들의 죽음에 대해 어떻게 하는 것이 가장 좋을지 의견을 물었다.

그러자 황제의 아들이 나서서 말했다.

"저는 폐하의 아들로서, 모든 사람들에게 유익한 좋은 방안을 말씀드리겠습니다. 여기서 그리 멀지 않은 곳에 작은 나라가 있는데, 거기에는 모든 사람이 부러워하는 아름답고 우아한 처녀가 살고 있습니다. 그 처녀가 가진 과수원에 샘이 하나 있는데, 그 물은 신기한 효험을 지니고 있습니다. 즉 그 물을 죽은 사람에게 뿌리면 죽은 사람이 다시 살아납니다.

그러므로 폐하, 저는 그 작은 나라로 내려가서 그 물을 찾아내겠습니다. 그리고 잔치에서 살해된 사람들을 그 물로 살려내겠습니다."

그 말을 들은 황제가 크게 기뻐하면서 말했다.

"아들아, 그건 참으로 훌륭한 방안이다."

황제의 아들이 즉시 그 작은 나라로 가서 처녀 몰래 과수원으로 들어가 샘의 물을 마셨다. 그 다음 땅에 깊은 도랑을 다섯 개 파서 물이 흘러내리게 해서 그 물이 살해된 사람들이 묻혀 있는 곳에 이르도록 했다. 그 물이 죽은 사람들에게 닿자 그들이 다시 살아났다.

이윽고 황제의 아들은 되살아난 그들을 데리고 황제에게 갔다. 그들의 모습을 본 황제가 크게 기뻐했고, 아들에게는 승리의 표시로 월계관을 머리에 씌워주었다. 그후 그 아들은 평안과 행복 속에 살게 되었다.

🌿 이 황제는 하늘나라의 아버지이다. 높은 지위로 출세한 가난한 청년은 루치페르이다. 그는 아무 자격도 없이 그렇게 높이 올라갔고, 하늘의 왕국에서 높은 자리에 앉아 큰 기쁨과 광채를 누린 결과, 대단히 오만해져서 자기가 전능하신 주님과 비슷한 존재라고 생각하게 되었다.

자기가 주님과 비슷할 뿐만 아니라 오히려 전능하신 주님보다 더 높다는 생각까지 하게 되었다. 그래서 주님께서는 루치페르뿐만 아니라 그를 추종하던 모든 무리를 지옥으로 추방해버리셨고, 그들 대신에 다른 사람을 큰 기쁨과 영광의 자리에 올려주셨다.

그것을 본 사탄은 사람이 그토록 큰 영광과 명예를 누리는 것을 시기하여 아담과 하와를 잔치에 초대했고, "너희가 사과를 먹으면 그 때부터 신들과 같은 존재가 될 것이다."라고 부추겨 그들이 주님의 계명을 거슬러 사과를 먹게 만들었다.

이 저주받은 잔치에서 아담과 하와는 독이 든 여러 가지 음식을 받았다. 즉 그들이 사과를 먹자 그들의 여러 가지 능력이 사라진 것이다. 그래서 그들은 독이 든 음식을 먹고 죽었다.

이 소식을 들은 황제의 아들은 깊이 동정심을 느껴 하늘로부터 지상으로 내려왔고, 축복 받은 성모 마리아와 매우 가까운 사이가 되어 성모 마리아 안에서 인간성이라고 하는 샘을 발견하고는, "나는 생명의 샘이다. 이 샘의 물을 마시는 사람은 목마르지 않을 것이다."라고 한 성서 말씀대로, 인간성을 자기 신성과 결합시켰다.

그 다음 땅에 도랑 다섯 개를 만들었다. 즉 이것은 그분의 몸이 받은 다섯 가지 상처를 의미한다. 이 상처에서 흘러내린 피와 물을 통해서 모든 인류가 죽음에서 일어나 생명을 다시 받게 되었다. 그분께서는 다시 살아난 인류를 하늘나라의 궁전으로 인도하신다.

37

창녀와 결혼한 기사의 아들

• • • • •

옛날 로마에 둔스타이누스라는 강력한 황제가 살았다. 그 때 이 나라에는 높은 지위를 가진 기사가 두 아들과 함께 살 았는데, 형제 가운데 동생은 아버지의 뜻을 거슬러서 천한 백성의 딸인 창녀와 결혼했다. 그 소식을 듣게 된 기사는 아 들을 추방했다. 유배된 그 아들은 천한 백성의 딸에게서 아 들을 얻었고, 얼마 지나지 않아 병이 들자 전령을 자기 아버 지에게 보내 자비를 요청했다. 아버지인 기사가 그 말을 듣 고 아들에게 달려와 화해했다.

유배된 아들은 이렇게 해서 아버지의 사랑을 되찾은 다음, 천한 백성의 딸에게서 얻은 자기 아들을 기사에게 바쳤다. 기사는 그 아들을 매우 친절하게 친자식으로 받아들여서 정 성껏 길렀다.

형이 그 이야기를 듣고 아버지 기사에게 말했다.

"제가 보기에는 아버지가 제정신이 아닙니다. 가문에 큰 해를 입히고 이미 죽은 자식이 남긴 아이, 즉 가짜 상속자를 받아들여서 기르는 사람은 제정신이 아닌 것입니다.

그런데 이 아이를 낳은 제 동생은 아버지의 뜻과 명령을 거슬러서 천한 백성의 딸과 결혼할 때 가문에 막대한 피해를 입혔습니다. 그러므로 제가 보기에 아버지는 제정신이 아닙니다."

그러자 아버지 기사가 대답했다.

"네 동생이 나와 화해를 했기 때문에 너는 시기하는 것이다. 그리고 네 동생마저도 미워하기 때문에 그를 영원히 내 곁에서 추방해버리고 싶은 것이다. 형제를 미워하는 사람은 내 유산을 받지 못할 것이다. 내 유산을 굴려받을 사람은 나하고 화해한 사람뿐이다.

너는 동생이 한 나쁜 짓에 관해서 여지껏 한번도 화해하지 않았다. 화해할 수도 있었지만, 네가 그것을 원하지 않은 것이다. 그러므로 너는 내 유산을 하나도 받지 못할 것이다."

    두 형제의 아버지는 하늘나라의 아버지이다. 그리고 두 아들은 천사들의 본성과 인간의 본성을 의미한다. 사람은 주님의 계명을 거슬러서 사과를 먹었을 때 천한 백성의 딸 또는 창녀와 결혼했다. 그래서 하늘나라의 아버지께서는 그를 낙원의 기쁨에서 추방해 버리신 것이다.

    천한 백성의 딸이 낳은 아들은 인류를 의미한다. 이 여자와 결혼한 기사의 둘째 아들, 즉 아담은 극도로 비참하게 산다. 왜냐하면 "이마에서 땀을 흘려서 너는 먹을 것을 얻고 그것을 먹고 살 것이다."라고 한 성서 말씀대로 그는 기쁨에서 쫓겨나 눈물과 통곡의 이 비참한 계곡에 떨어졌기 때문이다. 그러나 그리스도께서 수난을 당하신 뒤에 그는 화해했다.

    한편, 다른 아들, 즉 사탄은 항상 사람을 미워하여 우리의 화해를 날마다 비난하고 불평하며, 우리가 죄를 지었기 때문에 하늘나라의 유산을 받을 자격이 없다고 말한다.

38

황제의 아들은
누가 기를 자격이 있는가?

• • • • •

옛날 로마에 에바스라는 강력한 황제가 살았다. 그는 아름답고 젊은 귀부인을 아내로 삼았다. 황후는 건강한 아들을 낳았다. 로마제국의 제후들이 그 소식을 듣자 모두 황제에게 몰려와서 그 아들의 양육을 서로 자기가 맡겠다고 간청했다.

황제는 즉시 로마 전체에 전령을 파견한 다음, 어느 집이든지 그 집의 맏아들이 건강하게 자라고 깨끗한 물이 있는 경우, 그 집주인이 황제의 아들을 맡아서 기를 것이라고 선포했다. 또한 황제의 아들을 맡는 사람은 그를 깨끗하게 보존하고, 건강에 유익한 음식과 마실 것을 주어서 길러야 한다고 선포했다. 황제의 아들이 어느 정도 나이가 들면, 그를 길러준 사람을 높은 지위에 앉히겠다고 선포했다.

그래서 수많은 사람이 황제의 아들을 갖기 위해서 불과 물을 준비해 두었다. 그러나 모든 사람이 잠든 밤에 술라피우스라는 폭군이 와서 불을 끄고 물을 바깥에 쏟아버렸다.

그런데 로마에는 요나타스라는 사람이 살았는데, 그는 그 누구보다도 부지런하게 일해서 밤낮으로 불과 물을 마련해 두었다. 다음 날 아침 일찍 황제의 명령에 따라 전령이 로마 전체를 집집마다 돌아다니면서 집안에 물과 불이 있는지 조사했다. 그는 어느 집에서도 불과 물을 발견하지 못했다. 그러나 요나타스의 집에 불과 물이 준비되어 있는 것을 보고 그를 황제 앞에 데리고 갔다. 황제는 선포한 대로 자기 아들을 그에게 맡겼다. 황제의 아들을 받아든 요나타스는 그 아이를 데리고 집으로 돌아갔다.

그리고 그는 목수들과 석수장이들을 불러서 석회와 돌로 견고한 방을 만들게 했다. 방이 완성된 뒤에는 화가들을 불러 벽에 열 개의 대리석상들을 그리게 했고, 석상들 머리 위에 다음과 같은 문구를 적게 했다.

'이 석상 그림들을 더럽히는 사람은 누구나 참혹한 죽음을 당할 것이다.'

그리고 문에는 교수대에 목이 매달린 사람을 그려서 그의 머리 위에 다음과 같은 문구를 적게 했다.

'황제의 아들을 잘못 양육하는 사람은 이런 꼴을 당할 것이다.'

또한 그는 황금 의자를 만들게 했다. 그리고 황금 관을 쓴 자신의 석상을 거기 앉히고 머리 위에 다음과 같은 문구를 적게 했다.

'황제의 아들을 깨끗하게 보존하는 사람은 영예로운 자리에 앉을 것이다.'

그렇게 일을 모두 마쳤다. 그런데 그는 잠이 들려고 할 때마다 멋지게 그려진 열 개의 석상 그림을 더럽히고 싶은 유혹을 자주 받았다. 그러나 그 머리 위 문구를 읽고 나면 모든 유혹이 사라졌다. 또한 황제의 아들에 대한 보살핌이 소홀해지면 교수대로 가서 자기 머리 위의 문구를 읽었다. 그러면 두려움에 사로잡혀서 황제의 아들을 더욱 열심히 잘 보살피게 되었다.

그리고 황금 관을 쓴 자기 석상이 앉아 있는 황금 의자를 바라볼 때는 황제의 아들을 잘 양육한 공로로 받을 커다란 보상을 생각하고 크게 기뻐했다.

황제는 그가 자기 아들을 열심히 잘 브살피고 있다는 말을 듣고, 그와 아들을 불러오라고 했다. 그리고 자기 아들을 잘 길러주어서 고맙다고 말하고는 그를 사람들의 존경을 받는 매우 높은 자리에 앉혀 주었다.

🌿 이 황제는 하늘나라의 아버지이고, 황후는 축복 받은 동정녀 마리아를 의미한다. 그리고 황제의 아들은 우리 주 예수 그리스도이다. 로마 전체에 파견된 전령은 세례자 요한인데, "보라, 나는 나의 천사를 내 앞에 보낸다."고 한 성서 말씀대로 그는 우리 주님 앞에 파견되어 길을 준비한다.

황제의 아들을 맡아서 기르고 싶어하는 제후들은 선조들과 예언자들을 의미하는데, 그들은 우리 주 예수 그리스도의 양육을 몹시 원했고 또 그를 보고 싶어했지만, 그들의 눈을 뜨게 하는 불과 물이 완전한 것이 아니어서 그리스도를 기르거나 볼 수가 없었다.

여기서 말하는 불은 성령을 의미하는데, 그들은 아직 세례의 물로 씻겨지지 않았기 때문에 성령이 그들에게 나타나지 않았다. 불은 또한 완전한 사랑을, 물은 진실한 회개를 의미한다. 요즘 수많은 사람에게는 이 두 가지가 없다. 그래서 그들은 마음 속에 아기 예수를 모시지 못한다.

부지런히 일하고 깨어서 지킨 요나타스는 착한 그리스도교 신자를 의미한다. 그는 선행을 더욱 많이 하려고 항상 깨어서 노력하고, 죄에 대해서는 주님께 사랑의 불과 회개의 물을 바친다.

사탄을 의미하는 폭군은 사람들의 마음속에서 자주 사랑의 불을 끄고 회개의 물을 바깥에 쏟아버려서 사람들이 아기 예수를 기르지 못하게 만든다. 그러므로 우리는 요나타스가 한 것처럼 유혹에 빠지지 않도록 경계하자.

또한 우리는 석수장이들, 즉 훌륭한 성직자들을 불러들이자. 그들은 우리 마음속에 돌로 지은 방, 즉 확고한 신앙과 희망을 지어줄 수 있다.

그 다음에 우리는 화가들, 즉 말씀을 전하는 사람들을 불러들이자. 그들은 우리 마음속에 열 개의 석상 그림, 즉 십계명을 심어줄 수 있다. 십계명을 우리가 날마다 충실하게 지킨다면 틀림없이 하늘나라에서 큰 영예를 얻을 것이다.

우리가 황제의 아들을 잘 길러낸다면 황금 관을 쓴 채 황금 의자에 앉을 것이다. 만일 그를 잘 기르지 못한다면 틀림없이 지옥에서 고통을 당할 것이다.

39

황후의 동생, 재산관리인, 선장에게 배신당한 황후

• • • • •

옛날 로마에 메날리우스라는 강력한 황제가 살았다. 그는 헝가리 왕의 딸과 결혼했다. 아름다운 이 황후는 모든 일을 올바르게 처리했고, 특히 자비심이 풍부했다. 어느 날 황제는 침대에 누워 있다가 문득 성지 순례를 해야겠다고 생각했다. 다음 날 그는 아내인 황후와 자기 동생을 불러서 말했다.

"오늘 나는 내 가슴속에 감추어 두었던 생각을 털어놓겠소. 나는 성지 순례를 하려고 하오. 그래서 황후를 나의 제국과 백성을 모두 다스리는 섭정으로 임명하오. 또한 내 동생은 황후의 대리인으로 임명하여 그가 나의 제국과 백성에게 유익한 모든 조치를 하도록 하려고 하오."

그러자 황후가 말했다.

"당신이 예루살렘 도시를 순례하겠다고 한다면, 당신이 여기 없는 동안에 저는 짝을 잃은 거북이처럼 충실하게 당신 뜻을 따르겠어요. 제가 짝을 잃은 거북이라고 말한 것은 당신이 살아서는 예루살렘에서 벗어나지 못할 테니까 그런 거예요."

황제는 좋은 말로 황후를 위로하고 키스해주었다. 그리고 나서 황후와 모든 신하를 뒤로 한 채 예루살렘 도시를 향해 순례여행을 떠났다.

황제가 떠난 지 얼마 되지 않아서 그의 동생은 너무나도 오만해져서 가난한 사람들을 억압하고 부자들의 재산을 강탈했을 뿐만 아니라, 더욱 고약해져서 자기와 함께 죄를 짓자고 날마다 황후를 유혹했다. 그러나 황후는 거룩하고 경건한 여자들처럼 언제나 대답했다.

"남편이 살아 있는 한, 나는 네 요구뿐만 아니라 어떠한 남자의 요구에도 절대로 응하지 않을 것이다."

그러나 황제의 동생은 그러한 대답에 단념하지 않고, 황후가 혼자 있는 것을 볼 때마다 투덜거리면서 모든 수단을 다 동원해서 황후가 자기와 함께 죄를 짓게 만들려고 애썼다. 황후는 자기가 어떠한 대답을 해도 그가 단념하지도 않고, 또 자기 행동을 개선하려고도 하지 않을 것이라고 깨달았다. 그래서 틈을 엿보아 로마제국에서 가장 훌륭한 기사 서너 명을 불러모은 뒤 말했다.

"너희도 알겠지만 황제는 나를 이 로마제국의 섭정으로

임명했고, 자기 동생을 내 밑에 두어 대리인으로 임명했다. 그래서 내 승인이 없는 한 황제의 동생은 아무 일도 할 수 없는데도 불구하고 그는 제멋대로 행동했다. 그는 가난한 사람들을 몹시 억압했고, 마찬가지로 부자들의 재산을 마구 빼앗았다. 그러면서도 이런 것보다 더 더러운 짓을 하려고 한다. 즉 자기의 욕정을 채우려고 하는 것이다. 그러므로 황제의 이름으로 내가 명령한다. 너희는 그를 단단히 묶어서 감옥에 처넣어라."

그들이 대답했다.

"황제 폐하께서 떠나신 이후로 그는 수없이 악행을 저질렀습니다. 그래서 우리는 황후의 명령에 복종할 준비가 되어 있습니다. 그러나 이 문제에 관해서는 황후께서 우리 대신에 황제에게 책임을 져주셔야만 합니다."

황후가 말했다.

"두려워 마라. 그가 한 짓을 황제가 나만큼 알았다면 황제도 그를 가장 참혹하게 처형했을 것이다."

그들이 즉시 황제의 동생을 잡아서 쇠사슬로 묶은 다음 감옥에 처넣었다. 그후 그는 오랫동안 갇혀 있었다. 드디어 황제가 많은 승리와 명예를 얻은 뒤 귀국한다는 소식이 들려왔다. 그러자 황제의 동생이 이렇게 생각했다.

'만약 형님이 내가 감옥에 갇혀 있는 것을 알게 된다면 그는 이유를 황후에게 물을 것이다. 그러면 황후는 모든 것을 사실대로 말할 것이고, 내가 자기에게 함께 죄를 짓자고 유혹한 사실도 알릴 것이다. 그렇게 되면 황후 때문에 형님은 나를 싫어하게 되고 사형에 처할 것이다. 틀림없이 그렇게 될 것이다. 그러나 가만히 앉아서 죽을 수는 없다.'

그래서 그는 황후에게 전령을 보내서 그리스도의 수난에 걸고 부탁하니 제발 감옥 문까지 와달라고 빌었다. 황후가 그에게 와서 무슨 말을 할 것이 있는지 물었다. 그러자 그가 말했다.

"나의 형님인 황제가 이 감옥에 갇힌 나를 보면 사형에 처할테니 제발 자비를 베풀어주십시오."

"네가 어리석음을 버리고 착한 사람이 되겠다고 한다면 자비를 베풀겠다."

그러자 그는 틀림없이 모든 잘못을 고치고 진실한 사람이 되겠다고 약속했다. 그의 약속을 받아낸 뒤 황후는 즉시 그를 석방했고, 목욕과 면도를 시키고 그 지위에 맞게 고급 옷을 입히고 나서 그에게 말했다.

"자, 이제는 네 지위를 차지해라. 그리고 나와 함께 나가서 황제를 영접하자."

"황후 폐하의 뜻과 명령이라면 모두 토종하겠습니다."

그래서 황후는 그와 다른 기사들을 거느린 채 황제를 마중

하려고 말을 타고 떠났다. 한참을 가던 도중 그들은 달려가는 커다란 수사슴을 발견했다. 사냥개를 데리고 다니던 기사들이 모두 말을 달려서 수사슴의 뒤를 추격했다. 마침내 황후 곁에는 아무도 없고 오로지 황제의 동생만 남게 되자, 주위에 아무도 없고 그들 둘 뿐인 것을 깨달은 그가 황후에게 말했다.

"여기는 깊은 숲속입니다. 사랑에 관해서 내가 이야기한 것도 벌써 오래전입니다. 자, 이제 내가 당신과 잠자리를 함께 하도록 승낙하시오."

황후가 대답했다.

"이건 얼마나 어리석은 짓이냐? 어제는 내가 네 약속을 믿고 개선에 희망을 걸어서 감옥에서 꺼내주었는데, 이제 너는 어리석음에 다시 빠졌구나. 전에도 말했지만, 잠자리를 나와 함께 할 수 있는 사람은 오로지 황제뿐이다. 나는 황제와 그렇게 할 의무가 있는 것이다."

그는 황후에게 위협했다.

"내 말을 끝까지 들어주지 않는다면 난 당신을 이 숲속의 나무에 목매달 것입니다. 아무도 당신을 찾아내지 못하고, 당신은 처참하게 죽을 것입니다."

황후가 공손하게 대답했다.

"온갖 고문으로 나를 죽인다고 해도, 또 내 목을 매단다고 해도, 나는 그런 죄를 짓자는 네 말에 절대로 동의하지 않겠다."

그 말을 들은 그는 속옷만 제외하고 황후의 옷을 모조리 벗긴 다음 머리카락 끝을 나뭇가지에 묶어서 황후를 매달았다. 또한 황후의 말의 고삐를 그 나무 뒤에 묶어 두었다. 그리고 나서 그는 말을 몰아서 다른 기사들에게 갔고, 수많은 사내들이 나타나서 황후를 잡아갔다고 알렸다. 그의 말을 들은 기사들은 몹시 슬퍼했다.

사흘이 지났을 때 어느 백작이 그 숲속으로 사냥을 나가 나뭇가지들을 채찍으로 후려치면서 말을 몰았다. 그때 여우 한 마리가 소스라치게 놀라서 달아났고, 백작의 사냥개들이 빠른 속도로 추격하다가 황후가 매달려 있는 나무 근처에 도달했다.

개들은 황후의 냄새를 맡자 여우를 내려두운 채 있는 힘을 다해 나무를 향해 달려갔다. 그 광경을 본 백작이 매우 이상하게 여기고는 말에 박차를 가해 그 뒤를 쫓아가서 황후가 매달려 있는 곳에 이르렀다. 황후가 그렇게 매달려 있는 것을 본 그는 크게 놀랐다. 왜냐하면 황후가 너무나도 아름답고 우아한 여자였기 때문이다. 그래서 백작이 물었다.

"당신은 누구십니까? 어느 나라 사람이고 왜 이렇게 매달려 있는 것입니까?"

황후는 완전히 숨이 끊어지지 않았고, 죽기 직전의 상태에서 대답했다.

"저는 이곳 사람이 아니고 아주 먼 나라에서 왔습니다. 어떻게 제가 여기에 왔는지는 주님만이 아십니다."

"이 나무에 매여 있는 말은 누구 것입니까?"

"제 것입니다."

그러자 백작은 황후가 귀족집안 출신의 귀부인인 것을 알고 더욱 깊은 동정심을 느끼며 말했다.

"당신은 고귀한 가문 출신의 귀부인인 모양입니다. 당신이 나와 함께 내 성으로 가서 귀여운 내 외동딸을 길러주고 가정교사 노릇을 해주겠다고 약속한다면, 당신을 이 불행에서 구해주겠습니다. 나는 딸 하나밖에 없는데, 당신이 그 애를 잘 보살펴준다면 풍성한 보상을 받을 겁니다."

"모든 힘을 다해 당신 뜻을 따르겠습니다."

황후가 그렇게 약속하자 백작이 황후를 나무에서 내려주었고, 자기 성으로 데리고 가서 자기 딸을 보살피게 했다. 그런데 백작은 딸을 너무 아끼고 사랑해서 황후가 딸을 데리고 매일 밤 백작 자신의 방에서 자도록 했다. 그래서 매일 밤 백작의 방에서는 황후의 침대와 백작의 침대 사이에 등불이 매달려 방을 비추게 되었다.

황후는 말과 행동의 품위가 매우 높아서 모든 사람의 사랑을 받았다. 그 때 백작의 궁전에는 재산관리인이 있었는데, 그는 황후를 그 누구보다도 열렬히 사모하여 가끔 사랑을 고백했다. 그러나 황후는 늘 이렇게 대답하고는 했다.

"우리가 친한 친구 사이이니까 말해주지만, 저는 주님께 엄숙한 맹세를 했습니다. 즉 주님의 계명으로 제가 진심으로 사랑해야 하는 단 한 사람 이외에는 어떠한 다른 남자도 절대로 사랑하지 않겠다고 말입니다."

재산관리인이 말했다.

"그렇다면 당신은 제 요구에 응하지 않겠다는 말이군요."

"제게 당신이 더 이상 이런 일을 요구할 필요가 어디 있겠어요? 저는 주님께 한 맹세를 주님의 은총으로 충실히 그리고 끝까지 지킬 거예요."

그 말을 들은 재산관리인은 화가 머리끝까지 나서 돌아갔는데, 속으로는 이렇게 생각했다.

'두고 보자. 반드시 복수를 하고 말겠다.'

얼마 지나지 않은 어느 날 밤, 백작은 방의 문을 소홀히 해서 잠그지 않은 채 내버려두었고, 재산관리인이 그 사실을 알아챘다. 모두 잠들었을 때 그는 방으로 다가가 황후와 백작의 어린 딸이 함께 자는 침대를 등불 아래에서 엿보았다.

그리고 칼을 빼서 딸의 목을 찔러 죽이고 피묻은 그 칼을 황후의 손에 쥐어 주었다. 황후는 잠이 들어 아무 것도 몰랐다. 그는 백작이 잠에서 깬 뒤 황후의 손에 든 칼을 보고, 자기 딸이 황후의 손에 의해 목이 찔려 죽었다고 생각하게 하여, 그런 사악한 범죄를 사형으로 처벌하도록 만들 작정이었다.

얼마 후 백작의 딸이 그렇게 살해되고 피묻은 칼이 황후의 손에 쥐여져 있을 때, 백작부인이 잠에서 깨어 황후 손에 든 칼을 보았다. 거의 미칠 지경이 된 백작부인이 백작에게 소리쳤다.

"여보, 저기 있는 부인의 손에 놀라운 물건이 쥐여져 있는 걸 보세요."

백작이 즉시 잠에서 깨어나 황후의 침대를 바라보았다. 그리고 백작부인이 말한 대로 피묻은 칼을 보고 크게 놀라 황후에게 소리쳤다.

"이 여자야, 잠에서 깨어나 봐. 네 손에 든 것이 뭐란 말이냐?"

백작의 고함소리에 황후는 잠에서 깼다. 그러자 칼이 그 손에서 떨어져 나갔다. 주위를 두리번거리며 살피던 황후는 자기 옆에 백작의 딸이 죽어 있고 침대 전체가 피범벅이 된 것을 발견했다. 그래서 목청껏 소리쳤다.

"이게 웬일이란 말인가? 백작 따님이 살해되었다니!"

그러자 백작부인이 구슬픈 목소리로 백작에게 소리쳤다.

"우리 외동딸을 살해한 저 사악하기 짝이 없는 여자를 가장 참혹한 방식으로 사형에 처하세요."

백작에게 그렇게 말하고 난 백작부인은 황후에게 말했다.

"하늘 높은 곳에 계신 주님께서는 사악한 여자인 네가 네 손으로 내 딸을 죽인 사실을 알고 계시지. 그러므로 넌 참혹한 죽음을 당할 거야."

이윽고 백작이 말했다.

"이 여자야, 내가 주님을 두려워하지만 않았다면, 난 장검으로 네 몸을 벌써 두 동강으로 만들었을 거다. 나는 나무에 매달려 있는 너를 구해주었는데, 너는 내 딸을 살해했다. 그러나 나는 널 해치지 않겠다. 하지만 즉시 이 도시를 떠나라. 오늘 여기서 네가 발견된다면 너는 가장 참혹한 죽음을 당할 것이다."

그러자 가련한 이 황후는 자리에서 일어나 옷을 입고 말을 집어탄 뒤 통행에 아무런 안전도 보장받지 못한 채 동쪽으로 달려갔다. 슬픔에 잠긴 채 그렇게 말을 몰고 가다가 길 왼쪽을 살펴보니 교수대 두 개가 눈에 띄었고, 관리 일곱 명이 한 사내를 목매달기 위해 교수대로 끌고 가고 있었다.

황후는 그 죄수를 몹시 동정해서 말에 박차를 가해 그들에게 달려간 다음, 어떠한 대가를 치르더라도 그 죄수를 죽음에서 구출해주고 싶다고 간청했다. 그러자 관리들이 말했다.

"귀부인이 몸값을 지불한다면 우린 기꺼이 그를 석방하겠습니다."

황후는 즉시 그들의 요구에 따라 몸값을 치르고 그를 구출했다. 그리고 그에게 말했다.

"내가 너를 죽음에서 구해주었으니 이제부터는 죽을 때까지 진실하게 살아라."

그가 대답했다.

"앞으로 영원히 진실하게 살 것을 제 영혼에 걸고 약속합니다."

그는 어느 도시 근처에 이를 때까지 황후를 따라갔다. 황후가 말했다.

"나보다 먼저 저 도시로 가서 점잖은 숙소를 마련하라. 나는 거기서 얼마 동안 쉬어 가겠다."

황후의 지시대로 그는 먼저 가서 깨끗하고 점잖은 숙소를 마련했고, 황후는 거기서 오랫동안 머물렀다. 이윽고 도시 사람들이 황후의 미모를 알아보고는 크게 놀랐다. 많은 사람들이 더러운 사랑을 나누고 싶어했지만 모두 헛수고였다.

그러던 어느 날 상품을 가득 실은 배가 그 도시의 항구에 도착했다. 그 말을 들은 황후는 자기 하인이 된 죄수에게 말했다.

"배가 있는 곳으로 가라. 그리고 내가 입을 만한 옷이 있는

지 찾아보라."

하인은 배에 가서 값지고 좋은 옷을 많이 발견했다. 그래서 그 배의 선장에게 도시로 들어가 자기 여주인과 대화를 좀 해보라고 간청했다. 선장이 좋다고 승낙하자 하인은 먼저 집으로 돌아와 황후에게 선장이 올 것이라고 미리 알려주었다.

얼마 후 선장이 도착해서 황후에게 정중하게 인사했다. 황후도 그의 신분에 맞도록 친절하게 영접했고, 자기가 가진 돈으로 자기에게 어울리는 이러저러한 옷을 살 수가 있는지 물었다. 선장은 그러한 옷을 제공해 주겠다고 대답했다.

합의가 이루어진 뒤, 하인이 선장을 모시고 다시 떠났다. 그들이 갑판에 올라갔을 때 선장이 하인에게 말했다.

"너를 신뢰할 수 있다고 보고 내 속마음을 털어놓겠다. 나를 도와준다면 푸짐한 보상을 받을 것이다."

하인이 대답했다.

"선장님의 의견을 듣고, 있는 힘을 다해 당신 뜻을 따르겠다고 거룩한 복음성서 저자의 이름에 걸고 맹세합니다."

그러자 선장이 말했다.

"저 귀부인의 미모가 너무 뛰어나서 나는 내가 얼마나 그녀를 사랑하는지 표현할 길이 없다. 저 귀부인의 사랑을 얻을 수만 있다면 난 내가 가진 모든 황금을 다 내주겠다. 네 도움으로 귀부인의 사랑을 얻는다면 네가 원하는 것은 무엇이든지 다 주겠다."

"어떻게 하면 제가 도움이 되겠는지 말씀해 주십시오."

"귀부인이 직접 여기 오지 않는 한, 나는 네게 옷을 내주지 않을 것이라고 돌아가서 전하라. 그리고 부인은 반드시 바람이 순조롭게 불 때 데리고 와라. 나는 부인을 데리고 출항할 작정이다."

"선장님의 의견은 언제나 훌륭합니다. 약간의 보상금을 먼저 주시면 선장님의 뜻을 충실히 이행하겠습니다."

보상금을 받은 하인은 황후에게 돌아가서 선장의 말을 전했다. 즉 황후가 직접 배에 오지 않는다면, 선장은 절대로 옷을 내주지 않겠다는 것이었다. 황후는 하인의 말을 그대로 믿고 배에 갔다. 황후가 배에 타자 하인은 배를 빠져나갔다.

황후가 배에 올랐고, 바람이 매우 순조로운 것을 본 선장은 돛을 올리고 배를 출발시켰다. 배의 출발을 알아차린 황후는 선장에게 말했다.

"아니, 이게 무슨 속임수란 말입니까?"

선장이 대답했다.

"저는 당신에게 거짓말을 하지 않을 수가 없었습니다. 당신과 결혼하고 싶었기 때문입니다."

"저는 그런 죄를 짓지 않겠다고 맹세를 했어요. 정당한 권

리와 법에 따라서 제가 잠자리를 같이 할 남자는 단 한 사람
뿐입니다."

선장이 황후를 위협했다.

"당신이 선의를 가지고 내 말을 들어주지 않는다면, 바다
한가운데로 당신을 던져버리겠습니다. 그러면 참혹한 죽음
을 당할 것입니다."

"당신 말을 듣거나 아니면 죽어야만 한다면, 제발 이 배의
끝부분에 별실을 준비해 주세요. 거기서 전 당신의 요구를
들어주거나 아니면 죽겠어요. 그러나 우선은 하늘나라의 아
버지께서 제게 자비를 베풀어주시도록 기도할 시간을 주세
요."

선장은 황후의 말을 믿고 그 배의 끝부분에 있는 선실을
내주었다. 황후는 거기서 무릎을 꿇은 채 기도했다.

"나의 주님, 나의 주님! 당신은 제가 젊었을 때부터 순결을
지켜주셨습니다. 그러니까 제가 깨끗한 마음과 정신으로 영
원히 당신을 섬길 수 있도록, 이제 제 몸이 더럽혀지는 것을
막아주십시오."

황후가 그렇게 기도를 마치자 바다에서 갑자기 폭풍우가
몰려왔고, 그 결과 배가 산산조각이 나서 배에 탔던 사람들
이 모두 물에 빠져 죽었다. 황후는 밧줄을 붙잡고 목숨을 건
졌다. 선장과 황후는 각각 다른 해안선으로 밀려갔기 때문에

살았는지 죽었는지조차 서로 몰랐다.

황후는 자기 자신의 로마제국의 어느 도시 근처에 상륙했고, 정중한 영접을 받았다. 그리고 매우 거룩하게 살았기 때문에 주님께서는 어떠한 병자든 모두 치유해 주는 힘과 은총을 내려주셨다. 그래서 수많은 사람들이 황후에게 몰려왔고, 다리가 굽은 사람, 소경, 절름발이, 기타 각종 병자들이 주님의 은총과 부인의 훌륭한 행동을 통해서 치유를 받았으며, 황후의 명성이 널리 구석구석까지 퍼지게 되었다. 그러나 이 여인이 황후라는 사실은 아무도 몰랐다.

한편, 머리카락 끝을 나뭇가지에 매서 황후를 매달았던 황제의 동생이 지독한 문둥병에 걸리고 말았다. 백작의 딸을 살해하고 피묻은 칼을 황후의 손에 쥐여주었던 그 기사는 소경에 귀머거리에 반신불수 환자가 되었다. 황후를 배신하고 선장에게 넘겨주었던 그 죄인은 다리 전체에 경련을 일으키는 절름발이가 되었다. 그리고 선장은 완전히 미쳐버리고 말았다.

이윽고 황제는 어느 도시에 대단히 거룩한 여인이 산다는 말을 들었고, 그래서 자기 동생을 불러서 말했다.

"그 도시에 사는 거룩한 여인을 찾아가서 네 문둥병을 고쳐라."

"저도 병이 낫기를 간절히 바랍니다."

황제가 즉시 동생을 데리고 그 도시로 갔다. 황제가 도착하자 그 도시의 사람들은 극진하게 맞이하고 화려한 행진을 했다. 이윽고 황제는 병든 사람들의 각종 질병을 치유해주는 거룩한 여인이 여기 사는지 시민들에게 물었다. 시민들은 그런 여인이 여기 살고 있다고 대답했다.

　드디어 황후가 황제 앞으로 불려갔다. 그러나 황후는 자기 남편인 황제가 알아보지 못하도록 얼굴을 천으로 가린 채 나아가 황제의 신분에 알맞게 최대한으로 경의를 표시하며 인사를 올렸다. 황제도 또한 매우 정중하게 인사를 하고 나서 말했다.

　"거룩한 여인이여, 당신의 능력으로 내 동생의 문둥병을 고쳐주기만 한다면, 무슨 소원이든 모두 들어주겠다."

　그 말을 들은 황후는 주위를 살펴보다가 더러운 문둥병자가 된 황제의 동생을 발견했다. 그리고 백작의 딸을 죽인 기사가 소경에 귀머거리가 되어 있는 것도 보았다. 또한 황후 자신이 교수대에서 목숨을 구해주었던 그 죄인은 절름발이가 되어 있었고, 또한 선장은 미치광이가 되어 있는 것도 보았다.

　그들은 모두 병을 치료받으려고 황후에게 몰려왔지만, 황후를 알아보지는 못했다. 그들은 못 알아보았지만, 황후는 그들을 전부 알아보았던 것이다. 그래서 황후가 황제에게 말했다.

"폐하의 로마제국 전부를 준다고 해도 저는 폐하의 동생이나 여기 모인 다른 환자들을 절대로 치유해 주지 않겠습니다. 그러나 만일 이들이 자기가 과거에 무슨 짓을 했는지 솔직하게 고백한다면 치유해 주겠습니다."

그러자 황제가 몸을 돌려서 자기 동생에게 말했다.

"네 문둥병을 치유받기 위해서 여기 모인 모든 사람들 앞에서 네 죄를 고백하여라."

황제의 동생이 그때까지 어떻게 살아왔는지 고백하기 시작했다. 그러나 숲속에서 황후의 머리카락을 나뭇가지에 매고 그 몸을 허공에 매달은 이야기는 하지 않았다. 가장 저열한 짓을 다시금 한 것이다. 황제의 동생이 말을 마치자 황후가 말했다.

"폐하, 저는 이제 그에게 약을 발라주겠지만, 아무런 약효도 없을 것입니다. 왜냐하면 그는 자기 죄를 전부 고백하지 않았기 때문입니다."

그러자 황제가 동생을 돌아다보고 말했다.

"도대체 너는 무슨 비열하고 사악한 짓을 저질렀단 말이냐? 너 자신이 더러운 문둥병자라는 사실을 네 눈으로 보지 못하느냐? 병의 치유를 받으려면 모든 죄를 솔직하게 털어놓아라. 그렇지 않겠다면 내 곁을 영영 떠나라."

황제의 동생이 대답했다.

"황제께서 자비를 확실하게 약속을 하주지 않으신다면 저는 죄를 공개적으로 고백할 수 없습니다"

"나를 거슬러서 무슨 죄를 지었단 말이냐?"

"황제께 지은 제 죄는 너무나도 무겁습니다. 그래서 자비를 간청하는 것입니다."

황제는 황후에 관한 일이라고는 상상도 못했다. 왜냐하면 황후가 벌써 수십 년 전에 죽었다고 믿어왔기 때문이다. 그래서 동생이 죄를 모두 고백한다면 용서해 주겠다고 말했다. 황제의 용서를 미리 확보하고 나자 동생은 자신이 황후를 유혹하여 간통죄를 저지르게 만들려고 했고, 무슨 수를 써도 황후가 말을 듣지 않았기 때문에 그 머리카락을 나뭇가지에 매어 몸을 허공에 매달았다고 고백했다.

그 말을 들은 황제는 화가 머리끝까지 나서 거의 미칠 지경이 되어 소리쳤다.

"너는 세상에서 가장 사악한 놈이다. 그러니까 주님의 천벌이 네게 내린 것이다. 내가 먼저 용서해주겠다고 약속하지 않았더라면, 가장 참혹한 사형에 처했을 것이다."

그러자 백작의 딸을 살해했던 그 기사가 나서서 말했다.

"이 분이 어느 귀부인을 두고 하는 말인지는 제가 모르겠습니다. 그러나 제가 모시던 백작이 언젠가 숲속에서 나뭇가지에 매달린 귀부인을 발견한 적이 있습니다. 그래서 그는 부인을 성으로 데리고 와서 자기 딸의 양육을 맡겼습니다.

그런데 저는 갖은 수단을 다해 그 부인이 저와 잠자리를 같이 하는 죄를 짓도록 유혹했습니다. 그러나 부인이 절대로 제 말을 들어주지 않았기 때문에 저는 백작의 딸을 살해하고 피묻은 그 칼을 부인의 손에 쥐어주었습니다. 그것은 부인이 자기 손으로 백작의 딸을 살해했다고 백작이 믿도록 하려는 것이었습니다. 그래서 부인은 추방당했는데, 그 후 어떻게 되었는지는 저도 모릅니다."

그러자 죄인이 나서서 말했다.

"이 분이 어느 귀부인을 두고 하는 말인지는 제가 모르겠습니다. 그러나 관리 일곱 명이 저를 교수대로 끌고 가고 있을 때 어느 귀부인이 말을 타고 달려와서 제 몸값을 내고 살려주었습니다. 그래서 저는 그 부인을 따라다니다가 나중에는 배신하여 선장에게 넘겨주었습니다."

드디어 선장이 나서서 말했다.

"그 귀부인을 넘겨받은 것은 접니다. 배가 바다 한가운데 이르렀을 때 저는 그 부인과 잠자리를 같이 할 작정이었습니다. 그러나 부인이 앉아서 기도를 하자 즉시 폭풍우가 몰아쳐 배가 산산조각이 났고, 그 부인과 저를 제외하고는 모두 익사하고 말았습니다. 그 후 부인이 어떻게 되었는지는 저도 모릅니다."

그러자 황후가 큰 소리로 부르짖었다.

"여러분은 모두 고백을 했고, 사실을 사실대로 털어놓았습니다. 그러므로 이제 제가 약을 발라주겠습니다."

그들은 모두 즉시 치유되어 원래의 모습을 되찾았다. 그렇게 한 다음 황후는 얼굴을 가린 천을 벗었다. 그러자 황제가 알아보고 달려가 두 팔로 껴안고 수없이 키스를 퍼부었다. 그리고 기쁨에 넘쳐 울면서 말했다.

"제가 원하던 것을 이제 얻었으니 주님께서는 찬미를 받으십시오."

말을 마치자 황제는 크게 기뻐하면서 황후와 함께 궁전으로 돌아갔다. 그들은 전능하신 주님의 뜻에 맞게 살다가 평안하게 일생을 마쳤다.

이 황제는 우리 주 예수 그리스도이고, 황후는 거룩한 영혼을 의미한다. 황제의 동생은 육체를 의미하는데, 주님께서는 그에게 자기 제국을 맡기셨지만, 그보다 더 높은 자리에 영혼을 앉혀서 나라를 다스리게 하셨다. 그런데 사악한 육체는 영혼에게 죄를 짓도록 자주 유혹한다. 그러나 무엇보다도 주님을 더 사랑하는 영혼은 유혹에 대항하고, 자기의 정신적 능력, 즉 이성, 의지, 이해력, 양심을 불러서 영혼에게 복종하지 않는 육체를 감옥에 처넣게 한다. 즉 모든 일에 있어서 육체가 이성에게 복종할 때까지 육체를 진실한 회개의 감옥에 집어넣은 것이다.

그런데 "희망 안에서 다시 죄를 짓는 사람은 저주를 받는다."고 한 성서 말씀대로 육체는 자비에 대해 희망을 걸고 다시 죄를 짓는다. 드디어 영혼은 육체에게 자비를 베풀어 그를 회개의 감옥에서 풀어주고 죄의 더러운 때를 씻어주며, 훌륭한 덕행의 옷을 입히고 사랑과 겸손함의 말을 타게 한다. 그리고 감사의 제물로 우리 주님을 영접하기 위해 함께 말을 타고 달려나간다.

그러나 슬프게도 죄인은 성서의 말씀을 거역하여 다시 죄를 짓는다. 그러므로 커다란 수사슴, 즉 육체의 욕정과 죄인들의 욕망이 앞에 나타나고, 커다란 사냥개들, 즉 사악한 생각이 그 뒤를 추격한다. 추격이 오랫동안 계속되어 육체와 영혼만 따로 남는다. 그러면 육체가 전능하신 주님의 배우자인 거룩한 영혼을 유혹한다.

주님의 극진한 사랑을 받는 순수하고 더럽혀지지 않은 영혼은 주님을 절대로 버리지 않고 죄의 유혹에 넘어가지도 않는다. 그 결과 사악한 육체는 영혼의 모든 옷, 즉 모든 덕행을 벗겨버린 다음, 참나무 가지, 즉 욕정과 쾌락에 머리카락을 잡아매어 허공에 영혼을 매달고 만다. 착한 백작, 즉 훌륭한 성직자가 이 세상이라고 하는 숲속에 올 때까지 영혼은 거기 매달려 있다. 그는 주님의 말씀을 전하고 가르치며, 영혼을 나뭇가지에서 끌어 내려준다. 그리고 자기 딸을 양육하라고 영혼을 교회로 인도한다. 즉 충실한 신앙으로 양심을 기르라고 하는 것이다.

백작은 자기 침실에 등불을 가지고 있다. 이와 같이 훌륭한 성직자는 누구나 성서라는 등불을 켜고 있어야 하고, 덕행을 권장하고 악행의 포기를 가르칠 때 영혼이 슬퍼하거나 이익을 받는 것을 그 불빛으로 그는 비추어 보는 것이다.

영혼을 죄로 유혹하는 백작의 재산관리인은 이 세상을 맡아서 관리하는 오만인데, 수많은 사람이 이 오만에게 속는다. 그러나 그리스도께서 몹시 사랑하시는 영혼은 오만이라는 죄에 떨어지지 않는다.

그래서 사악한 기사가 탐욕의 칼을 빼서 백작의 딸, 즉 양심을 살해한다. 이것은 "황금과 순은이 재판관들의 눈을 멀게 했고 지혜로운 사람들을 굴복시켰다. 그래서 공평함과 정의로움이 그들 안에 들어가지 못하고 멀리 떨어져 서 있으며 등을 돌렸다."고 한 성서의 말씀과 같다. 황후는 또한 사형수를 죽음에서 구출해 주었다. 즉 중대한 죄를 지은 그가 마땅히 받아야 할 영원한 죽음에서 구해준 것이다.

그러므로 우리는 황후가 한 것처럼 우리가 탄 말, 즉 육체에다가 회개의 박차를 가하고 앞으로 달려나가 우리 이웃이 중대한 죄에 빠지려고 하는 것을 구해주고, 솔로몬이 한 말처럼 그의 영혼뿐만 아니라 육체도 도와주어야 한다.

중대한 죄에 빠져 누워 있는데도 아무도 구해 줄 사람이 없는 그런 사람은 참으로 불행하다. 그러므로 우리는 이웃을 잠에서 흔들어 깨우고 도와주어야 한다. 이웃 형제를 도와주는 사람은 견고한 도시와 같다. 비록 냉수 한 잔을 주어서 도와준다고 해도 그는 반드시 보상을 받을 것이다. 그러나 요즘은 수많은 사람들이 이 사형수와 같이 이웃에 대해 매우 매정하다. 황후가 자기를 교수대에서 구해주었는데도 불구하고 사형수는 거짓말로 황후를 속였던 것이다.

배의 선장은 이 세상을 의미하는데, 수많은 사람이 세상에게 속는다. 그렇지만 누구든지 자진해서 가난을 떠맡고 주님의 계명을 지키며 세상을 멀리 한다면 그는 배를 산산조각 나게 만든다. 왜냐하면 주님과 사람들 그리고 세상을 동시에 만족시켜준다는 것은 불가능하기 때문이다.

바다에서 폭풍우를 겪은 뒤에 황후는 도시로 간다. 즉 이 세상의 고난을 겪은 뒤에 영혼이 거룩한 생활로 들어간 것이다. 그런 다음, 각종 질병에 걸린 사람들, 즉 영혼이 병든 므든 사람들을 자신의 거룩한 생활을 통해서 치유한다.

그러나 영혼은 자신의 다섯 가지 약점을 공기적으로 자백하지 않으면 자기 남편인 그리스도를 보지 못한다. 영혼이 죄를 진심으로 인정하면 남편인 황제, 즉 우리 주님께서 비로소 영혼을 알아보시고 자기 품에 안으시며 하늘나라의 궁전으로 데리고 가신다.

40

누구 입에서 정말
지독한 악취가 나는가?

• • • • •

옛날 로마에 마르티누스라는 강력한 황제가 살았다. 그는 풀젠시우스라는 자기 조카를 끔찍이 사랑해서 함께 데리고 있었다. 또한 그 궁전에는 황제의 삼촌인 기사가 로마제국의 재산관리인 자격으로 함께 살고 있었다.

그런데 이 기사는 풀젠시우스를 시기하여, 어떻게 하면 황제와 조카 사이를 갈라놓을 수 있을지 밤낮으로 궁리했다. 그래서 재산관리인이 하루는 황제에게 나아가 말했다.

"폐하, 저는 폐하의 충실한 하인이기 때문에 폐하의 명예와 관련되는 사항을 알게 되면 보고할 의무가 있습니다. 그런데 최근에 제가 들은 이야기가 있어서 폐하와 저만 있는 자리에서 비밀리에 보고하지 않을 수가 없게 되었습니다."

"무슨 이야기인지 말해 보라."

"폐하의 조카 풀젠시우스와 가까운 황족 한 사람이 괴상한 방법으로 철면피하게 폐하의 명예에 먹칠을 하고 다닙니다. 즉 그들은 폐하의 입에서 악취가 난다고 말할 뿐만 아니라 폐하께 술잔을 바치는 사람은 그 입김의 독 때문에 죽어버린다고 떠들고 다니는 것입니다."

그 말을 들은 황제는 몹시 불쾌해졌고, 화가 나서 미칠 지경이 되었다. 그래서 재산관리인에게 물었다.

"조카의 말대로 내 입에서 정말 악취가 나기는 나는가?"

"맹세코 말씀드리지만, 폐하의 입김보다 더 향기로운 입김을 저는 평생 맡아본 적이 없습니다."

"어떻게 하면 이 일에 관해서 가장 확실한 증거를 잡을 수가 있겠는가?"

황제의 질문에 대해 재산관리인은 대답했다.

"폐하께서는 즉시 사실 여부를 알 수가 있습니다. 즉 내일 풀젠시우스가 폐하께 술잔을 바친다면, 그는 폐하의 입김 때문에 고개를 옆으로 돌릴 것입니다. 그것이 바로 이 일에 관한 가장 확실한 증거입니다."

"그것보다 더 확실한 증거는 있을 수가 없다."

황제의 말을 듣고 난 재산관리인은 이번엔 풀젠시우스에게 가서 그를 한쪽 구석으로 불러내 말했다.

"너는 내 친척이고 또한 황제의 조카다. 그래서 알려주는 것이지만, 황제 폐하께서는 네 결점에 대해 자주 불만을 표시하시고, 결점을 고치지 않는다면 호되게 벌을 주기 위해 너를 멀리 추방하겠다는 생각도 하고 계시다."

풀젠시우스가 물었다.

"십자가 위에서 돌아가신 그분의 사랑에 걸고 부탁합니다. 황제 폐하께서 왜 저를 못마땅하게 여기는지 말해 주십시오. 어떠한 결점이든 저는 고칠 용의가 있고, 당신의 훌륭한 충고를 반드시 따르겠습니다."

"네 입김의 악취가 폐하의 술맛을 잡치게 만들고 있다. 다시 말하면 폐하는 네 입에서 나는 악취가 심해서 도저히 참을 수가 없는 것이다."

"그건 저도 여태껏 전혀 몰랐습니다. 제 입김에 대해서 사실대로 말해 주십시오. 악취가 정말 나는 겁니까?"

"네 입에서는 역겨운 악취가 지독하게 풍겨난다."

재산관리인의 말을 고스란히 믿었기 때문에 풀젠시우스는 깊은 시름에 잠겼다. 그래서 어떻게 이 문제를 해결하면 좋을지 좋은 의견을 달라고 요청했다.

재산관리인은 대답했다.

"내가 하라는 대로만 한다면 다행한 결말이 날 거다. 그러니까 시키는 대로 하라. 나는 네 이익을 최대한 보장하려고 의견을 말하는 것이고, 동시에 경고하는 의미도 있다. 네가 폐하께 술잔을 바칠 때 그가 네 입의 악취를 맡지 못하도록 네 고개를 옆으로 돌려라. 그렇게 시간을 벌고 나서 악취를 제거하는 치료약을 구해보도록 하라."

그 말을 들은 풀젠시우스는 크게 기뻐하면서 그가 시키는 대로 실행하겠다고 맹세했다.

얼마 후 젊은 풀젠시우스가 종전과 다찬가지로 황제에게 술잔을 바치게 되었다. 그래서 저산관리인이 시킨 대로 고개를 옆으로 돌렸다.

그가 고개를 돌리는 것을 보자 황제가 그의 가슴을 발로 세차게 걷어차며 말했다.

"이 더러운 건달 같으니! 너에 관해서 들은 말이 진실인 것을 이제야 알겠다. 그러므로 당장 여기서 꺼져라. 나는 이 궁전에서 다시는 네 얼굴을 보지 않을 것이다."

그 말을 들은 풀젠시우스는 비통하게 울면서 궁전을 나와 황제의 시선이 미치지 못하는 먼 곳으로 떠나버렸다.

이윽고 황제가 재산관리인을 불러 말했다.

"내 명예를 그토록 더럽힌 저 건달을 이 세상에서 아예 없 애버리고 싶다."

재산관리인이 대답했다.

"폐하의 뜻은 즉시 이루어져야 마땅합니다. 이 궁전에서 5 킬로미터 가량 떨어진 곳에 벽돌공장이 있고, 거기서는 날마다 거대한 용광로에 불을 지펴서 벽돌과 석회를 구워냅니다.

그러니까 폐하께서는 그들에게 전령을 보내, 누구든지 내일 그들에게 와서 '황제는 자기 뜻을 시행하라고 너희에게 명령한다.' 고 말하는 사람이 있으면 그를 즉시 잡아서 석회석과 함께 용광로에 던지라고 명령하십시오. 명령에 따르지 않으면 사형에 처한다는 말도 전하라고 하십시오.

그리고 오늘밤 풀젠시우스에게 명령을 내리십시오. 즉 그가 내일 아침 일찍 벽돌공장의 일꾼들에게 찾아가 그들이 폐하의 명령을 제대로 시행했는지 물어보라고 하는 것입니다. 그러면 벽돌공장 일꾼들이 폐하의 명령에 따라 그를 잡아서 불 속에 처넣을 것이고, 그는 비참하게 죽고 말 것입니다."

황제가 대답했다.

"네 의견은 참으로 훌륭하다. 이제 저 건달 풀젠시우스를 불러와라."

젊은 풀젠시우스가 불려 들어오자 황제가 말했다.

"내일 아침 일찍 일어나 벽돌과 석회를 만드는 일꾼들에게 가라. 다시 말하면 내일 아침 일찍 해가 뜨기 전에 이 궁전에서 5 킬로미터 떨어진 벽돌공장을 찾아가서 그들이 내 명령을 충실히 시행했는지 물어봐라. 충실히 시행하지 않았다면 그들은 가장 참혹한 죽음을 당할 것이다. 그리고 너도 내 지시를 어기면 죽을 것이다."

풀젠시우스는 대답했다.

"폐하, 제 목숨은 주님께서 주신 것입니다. 이 세상 끝까지 가는 한이 있어도 저는 폐하의 뜻을 받들겠습니다."

황제로부터 그런 임무를 받은 그는 여러 가지 생각이 떠올라 잠을 이루지 못했다. 그러나 다음 날 아침 일찍 일어나야만 했다. 그 날 한밤중에 황제는 말 탄 전령을 벽돌공장의 일꾼들에게 파견했다. 그리고 누구든지 아침 일찍 찾아와서 황제의 명령에 관해 말하면 그를 잡아서 손발을 묶고 불 속에 처넣어 뼈만 남도록 태워 죽이라는 명령을 전달하도록 했다. 그들이 명령을 거슬리면 사형에 처한다는 말도 잊지 않았다.

벽돌공장 일꾼들이 대답했다.

"지시대로 하겠습니다."

만족스러운 표정으로 궁전으로 돌아온 전령은 황제의 명령이 충실하게 시행될 것이라고 보고했다.

다음 날 아침 일찍 풀젠시우스가 일어나서 여행에 필요한 차비를 한 다음 집을 나섰다. 한참 길을 걸어가는데, 미사시간을 알리는 성당의 종소리가 들려왔다. 그래서 그는 성당으로 가서 미사에 참석했는데, 미사가 끝날 무렵에 깜빡 잠이 들었다. 그가 너무 곤하게 잠을 잤기 때문에 사제나 다른 사람들이 그를 깨우지 않았다.

재산관리인은 풀젠시우스의 죽음을 간절히 원했기 때문에 그 소식을 빨리 듣고 싶어 안달했다. 그래서 오후 한 시경에 벽돌공장의 일꾼들에게 가서 물었다.

"황제의 명령을 시행했는가?"

일꾼들은 대답했다.

"우린 아직 황제의 명령을 시행하지 못했지만, 이제 즉시 시행하겠습니다."

그리고는 그 재산관리인을 붙잡았다. 그러자 그는 목청껏 고래고래 고함쳤다.

"제발 내 목숨을 살려달라. 황제가 죽이라고 명령한 것은 풀젠시우스다."

그러자 그들이 대답했다.

"황제의 전령은 우리에게 그런 말을 하지 않았습니다. 누구든지 제일 먼저 찾아와서, 방금 당신이 한 말을 하는 경우에 그를 잡아서 용광로에 처넣고, 재만 남도록 태워 죽이라는 지시였습니다."

그렇게 말하고 나서 그들은 재산관리인을 불 속에 던졌다. 그가 불 속에서 타고 있을 때 풀젠시우스가 도착해서 말했다.

"황제 폐하의 명령을 시행했습니까?"

"물론입니다. 황제에게 돌아가서 그 명령을 우리가 충실하게 시행했다고 보고해 주십시오."

그러자 풀젠시우스가 물었다.

"도대체 어떤 내용의 명령이었는지 제발 가르쳐 주십시오."

"누구든지 아침에 제일 먼저 찾아와서, 방금 당신이 한 말을 하는 경우에 그를 잡아서 용광로에 처넣으라는 명령이었습니다. 우리는 그 명령에 따르지 않는 경우 모두 사형을 당하게 되어 있습니다. 그런데 당신보다도 먼저 재산관리인이 왔기 때문에 우리는 황제의 명령을 시행했습니다. 그래서 그는 뼈만 남도록 불에 타고 있는 것입니다."

그 말을 들은 풀젠시우스는 자기를 죽음에서 구출해 주신 주님께 감사하고 나서 일꾼들을 떠나 궁전으로 돌아왔다. 그의 모습을 본 황제는 화가 뻗쳐서 거의 기칠 지경이 되어 물었다.

"너는 벽돌공장에 가서 내 지시대로 했느냐?"

"폐하, 물론 저는 그곳에 갔었습니다. 그리고 폐하의 명령이 충실하게 시행된 것을 확인했습니다."

"그게 정말인가?"

그러자 풀젠시우스가 대답했다.

"저보다 먼저 재산관리인이 그들에게 갔고, 그는 제가 할 말을 했습니다. 그래서 그들이 저산관리인을 잡아서 용광로의 불 속에 던졌습니다. 제가 먼저 도착했더라면 아마 틀림없이 그들이 저를 불 속에 던졌을 것입니다. 그래서 저는 죽음에서 구해 주신 주님께 감사를 드렸습니다."

황제가 말했다.

"그렇다면 이제부터 내가 물어보는 말에 대해 사실대로 대답하라."

"폐하께서는 제게서 속임수나 허위를 하나도 발견하지 못했습니다. 그런데 왜 저를 죽이라고 명령했는지 도무지 모른 일입니다. 폐하께서도 잘 아시는 바와 같이 저는 바로 폐하의 친조카가 아닙니까?"

"이상하게 여길 일도 아니다. 나는 저 재산관리인의 건의에 따라서 너를 죽이라고 명령한 것이다. 왜냐하면 너는 내 입에서 악취가 너무 지독하게 나서 그 독기 때문에 네가 죽을 지경이라는 말을 로마제국 전체에 퍼뜨려 내 명예에 먹칠을 했기 때문이다. 게다가 너는 술잔을 바칠 때 내게서 고개를 돌리는 것을 내가 직접 보았고, 그래서 너를 그렇게 죽이라고 명령한 것이다. 어쨌든 네가 정당한 사유를 제시하지 못한다면 사형을 당할 것이다."

그러자 풀젠시우스가 대답했다.

"제 해명을 기꺼이 들어주시겠다면, 교묘한 음모가 폐하를 속였다는 것을 보여드리겠습니다."

"말해 보라."

"이제는 죽어버린 저 재산관리인이 저를 찾아와서 말하기를, 폐하께서는 제 입에서 악취가 난다고 자기에게 말했다는 것입니다. 그래서 그는 제가 폐하께 술잔을 바칠 때 제 고개를 옆으로 돌리라고 권고했습니다. 제가 거짓말을 하지 않는다는 점에 대해서는 주님을 증인으로 삼겠습니다."

황제는 풀젠시우스의 말이 진실이라고 믿고 말했다.

"사랑하는 내 조카야, 나는 재산관리인이 불에 타 죽은 것이 주님의 심판이라는 사실을 이제야 깨달았다. 그의 시기심과 사악함이 천벌을 자초한 것이다. 왜냐하면 그는 너를 죽이려고 이런 악질적인 음모를 꾸몄기 때문이다. 전능하신 주님께서는 너를 올바른 사람으로 보시고 죽음에서 구출하신 것이다."

🌿 이 황제는 나라를 양심적으로 다스리는 관리들을 말하고, 그의 조카 풀젠시우스는 참된 그리스도교 신자를 의미한다. 참된 신자는 풀젠시우스가 황제에게 술잔을 바치듯이 양심적인 관리를 진심으로 존경하고 충실하게 따른다. 그렇게 하면 주님께서는 그를 극진히 사랑하신다.

재산관리인은 카인과 같은, 거짓 그리스도교 신자를 의미한다. 그는 올바르고 지혜로운 사람들의 마음을 자주 주님으로부터 갈라놓는다. 거짓 신자는 그들의 입에서 악취가 난다. 즉 올바른 관리의 생활이 주님과 사람들에게서 배척을 받는다고 말하는데, 이것은 "남을 판단하지 말라. 그러면 너도 판단을 받지 않을 것이다."고 한 성서 말씀과 배치된다.

사악한 사람들은 올바른 사람들을 자주 비방하는데, 그 결과 그들은 눈물과 통곡 그리고 자비를 모르는 비참함이 가득 찬 지옥의 영원한 불 속에 떨어질 것이다. 반면 올바른 사람들은 영원한 생명을 얻으러 위로 올라갈 것이다.

41

겁탈 당한 여자도 사형된 이유

· · · · ·

옛날 로마에 사우라치누스라는 강력한 황제가 살았다. 그는 처녀를 욕보이는 자는 누구든지 사형에 처한다는 법을 공포했다. 처녀가 구출된 경우에는 구출한 사람이 원한다면 그처녀와 결혼할 수 있고, 그가 결혼하기를 원하지 않는다면 처녀는 그의 의견과 지도에 따라서 다른 사람과 결혼해야 한다고 규정했다.

하루는 폰치아누스라는 폭군이 한 처녀를 숲속으로 끌고 들어가서 처녀성을 유린하고 말았다. 그렇게 욕정을 채우고 나서 그는 처녀를 살해하려 했다.

그가 옷을 벗기고 있을 때, 마침 고귀한 기사가 말을 타고 그 숲 근처를 지나가다가 처녀가 울부짖는 소리를 들었다. 기사는 말에 박차를 가해 전속력으로 숲속으로 달려갔다. 무슨 일인가 알아보려던 것이다.

숲속에 들어간 기사는 겨우 내복만 걸치고 거의 알몸으로 처녀가 서 있는 것을 발견하고 물었다.

"비명을 지른 여자가 당신입니까?"

그러자 처녀가 대답했다.

"그래요. 여기 서 있는 이 남자는 저를 욕보였고 제 처녀성을 짓밟았어요. 게다가 저를 살해하려고 옷을 모두 벗긴 겁니다. 고귀한 기사님, 주님의 사랑에 걸고 부탁하니 제발 저를 구해주세요."

그 말에 폭군이 대답했다.

"이 여자는 제 아내인데, 지금 거짓말을 하고 있는 겁니다. 저는 아내가 다른 남자와 간통하는 장면을 발견했기 때문에 살해할 작정이었습니다."

기사가 말했다.

"나는 너보다는 이 여인의 말을 더 믿겠다. 왜냐하면 네가 이 처녀를 욕보였다고 하는 증거가 이 여인의 얼굴에 확실하게 드러나 있기 때문이다. 그러므로 이 여인을 구출하기 위해 나는 너와 결투를 하겠다."

이윽고 둘은 무장을 갖춘 다음 무섭게 싸웠다. 그 결과 두 사람 다 심한 중상을 입었지만, 기사가 승리를 거두었고 폭군은 달아났다.

기사가 처녀에게 말했다.

"당신에 대한 사랑 때문에 나는 수많은 상처를 입었고 이렇게 심한 중상도 입었습니다. 그리고 당신을 죽음에서 구출했습니다. 그러니까 내 아내가 되겠다고 약속하겠습니까?"

"진심으로 동의합니다. 저는 부부가 되겠다고 굳게 맹세합니다."

처녀의 확실한 약속의 말을 듣그 난 기사가 말했다.

"이 근처에 내 성이 있으니까 같이 갑시다. 그리고 내가 친구들과 친척들을 방문하고 우리 결혼에 필요한 모든 것을 준비할 때까지 거기서 머물러 주십시오. 나는 우리 둘에게 영광스러운 성대한 잔치를 베풀 작정입니다."

"전 당신 뜻을 따르겠어요."

두 사람이 그 성으로 갔고, 처녀는 정중한 영접을 받았다. 그리고 기사는 친구들을 방문하면서 자기 결혼식에 오라고 일일이 초대했다.

기사가 그렇게 돌아다니고 있는 동안 폭군 폰치아누스가 기사의 성을 찾아와서 처녀에게 할 말이 있다고 말하면서 면회를 요청했다. 그래서 처녀는 성 아래로 내려가 그를 만났다. 이 폭군은 교묘한 말로 아첨하면서 유혹했다.

"나의 말을 따라준다면 당신에게 순금과 순은 그리고 막대한 재산을 주겠습니다. 그리고 나는 당신의 하인이 되고 당신은 나의 주인이 될 것입니다."

그 말을 들은 처녀는 그의 아첨하는 말에 쉽사리 속아넘어가서 그의 아내가 되겠다고 약속한 뒤 그를 데리고 성으로 들어갔다.

　그런 일이 벌어진 지 얼마 지나지 않아 기사가 돌아와 보니 성문이 굳게 잠겨져 있어서 문을 두드렸다. 그러나 오랫동안 아무런 대답도 들리지 않았다. 드디어 그 처녀가 나타나더니 왜 문을 두드렸느냐고 물었다.

　그래서 기사가 소리쳤다.

　"부인은 어째서 그토록 빨리 변심해서 내 사랑을 배신했습니까? 나를 안으로 들여보내 주십시오."

　"천만에! 당신은 절대로 여기 들어오지 못해요. 난 지금 전에 사랑하던 애인과 함께 살고 있거든요."

　"내 아내가 되겠다고 한 맹세를 기억하십시오. 내가 어떻게 해서 당신을 죽음에서 구해 주었는지도 기억하십시오. 만일 당신이 신앙을 돌보지 않는다면, 당신에 대한 사랑 때문에 내가 입은 상처들을 바라보십시오."

　기사는 자기 상처들을 똑똑히 보여주려고 팬티만 남기고 옷을 모두 벗었다. 그러나 쳐녀는 상처를 보려고 하지 않았고, 더이상 말하려고도 하지 않은 채 문을 닫아걸고 성 위로 올라가 버렸다.

　이윽고 기사가 재판관에게 가서 그 폭군과 처녀에 대해서 정당한 판결을 내려달라고 요청했다.

 그래서 재판관이 폭군과 여자를 소환했고, 그들이 앞에 나타나자 기사가 말했다.

 "재판장님, 저는 법이 정한 권리를 달라고 요청합니다. 법에 따르면, 누구든지 여자를 겁탈로부터 구출한 경우 그가 원한다면 그 여자와 결혼할 수 있습니다. 그런데 저는 이 여자를 폭군의 손에서 구출했습니다. 그러므로 저는 이 여자와 결혼할 권리가 있는 것입니다.

 게다가 이 여자는 저와 결혼하겠다는 맹세까지 했고, 그래서 이 여자는 제 성으로 들어갔으며, 저는 결혼 준비를 위해 막대한 돈을 썼던 것입니다. 따라서 이 여자는 저의 합법적인 아내인 것입니다."

 재판관이 폭군에게 말했다.

 "이 기사가 여자를 네 손아귀에서 구출했고, 여자에 대한 사랑 때문에 그가 많은 중상을 입었다는 사실을 너는 잘 안다. 그리고 그가 원한다면 여자가 그의 합법적인 아내가 된다는 것도 너는 잘 알고 있었다. 그러나 너는 여자가 구출된 뒤에 아첨의 말로 여자를 속였다. 그러므로 나는 너를 교수형에 처하라고 판결한다."

 이어서 재판관은 여자에게도 같은 말을 했다.

 "너는 이 기사가 너를 어떻게 죽음에서 구해주었는지 잘 안다. 그래서 너는 그의 아내가 되겠다고 맹세한 것이다. 그러므로 너는 법의 규정에 따라서 그리고 네 맹세에 따라서 그의 아내가 된 것이다.

그럼에도 불구하고 너는 나중에 폭군의 말에 넘어갔고 그를 기사의 성으로 끌어들였으며, 기사에게는 성문을 닫아버린 채 너에 대한 사랑 때문에 입은 그의 상처들을 쳐다보려고도 하지 않았다. 그러므로 나는 너도 역시 교수형에 처하라고 판결한다."

그래서 겁탈을 한 범인과 겁탈을 당한 여자는 둘 다 사형되었으며, 모든 사람이 재판관의 정의로운 판결을 찬미했다.

🌿 이 황제는 하늘나라의 아버지를 의미한다. 그분께서는 만일 영혼이 죄에게 겁탈을 당해서 주님으로부터 떨어져나간 경우, 그 영혼은 자기를 구해주신 구세주께서 원하신다면 그분과 결혼해야만 한다는 법을 만들었다.

폭군에게 겁탈 당하는 여인은 사람의 영혼을 의미한다. 영혼은 우리 조상 아담의 죄에게 겁탈 당한 뒤, 사탄을 의미하는 폭군 폰치아누스의 손에 이끌려 낙원에서 나와 비참한 이 세상으로 들어왔다. 이 폭군은 영혼을 겁탈해서 하늘나라의 유산을 잃게 했을 뿐만 아니라 영원한 고통을 가지고 영혼을 죽이려고 한다.

그러나 영혼은 있는 힘을 다해 비명을 질렀고, 그 비명을 우리 주 예수 그리스도께서 들으셨다. 이 비명은 자비의 기름을 달라고 아담이 소리친 그 비명이다. 그리고 선조들과 예언자들도 "오, 동쪽에서 가장 높으신 분이여, 우리를 방문해 주십시오."라고 말하면서 구제책을 간청하는 비명을 질렀다.

기사는 우리 주 예수 그리스도인데, 그는 하늘에서 내려와 폭군, 즉 사탄과 싸웠고, 둘 다 중상을 입는다. 그리스도께서는 육체에 중상을 입으시고, 사탄은 그 왕국이 무너진다. 그러므로 여자, 즉 영혼은 그리스도교 신자가 될 때 "저는 사탄과 그의 모든 오만을 끊어버리고, 전능하신 아버지 주님을 믿습니다."라고 말하면서 예수 그리스도를 믿고 충성을 바친다.

그러면 우리 주 예수 그리스도께서는 자신과 영혼의 결혼을 선포하신다. 즉 세례와 주님의 만찬이라고 하는 두 가지 특별한 성사를 가지고 사탄에게 대항하는 견고한 성을 지으려고 하신다.

또한 우리 주님께서는 자신이 친구들을 찾아가서 필요한 모든 것을 준비할 때까지 영혼에게 덕행의 성에서 착실하게 처신하라고 명령하신다. 즉 우리 주 예수 그리스도께서는 하늘나라로 올라가셔서 영혼을 위해 영원한 기쁨의 집을 마련하시려는 것이다. 우리는 심판의 날이 지나면 우리 주님과 함께 영예와 영광 속에서 그 분의 집에서 살 것이다.

그러나 슬프다! 기사가 성에서 떠난 뒤에 사탄이 성에 와서 중대한 죄로 가련한 영혼을 속이고, 그 다음에는 주님의 성이 되어야 마땅한 우리 마음의 성에 들어와 차지하고 만다.

"보라, 내가 문 앞에 서서 두드리고 있다. 누구든지 그 문을 열어주면 나는 안으로 들어갈 것이다."라고 한 성서 말씀대로 기사는 우리 마음의 문을 두드린다. 그러나 안에 사탄이 들어있기 때문에, 죄인이 십자가에 매달리신 우리 주님을 바라보고 회개하여 받아들이지 않는 한, 주님께서는 안으로 들어가지 못하신다. 주님께서 우리를 위해서 입으신 피 흐르는 상처들을 바라볼 때, 우리 죄인들은 주님의 사랑을 깊이 느껴야만 한다. 왜냐하면 머리의 가시관에서부터 발끝에 이르기까지 그분의 몸에는 성한 곳이 하나도 없기 때문이다. 그래서 이사야 예언자는 "내 슬픔과 똑같은 슬픔이 있는지 잘 살펴 라."고 말한다.

　그러므로 회개하여 주님께 돌아가지 않고 중대한 죄에 여전히 머물러 있는 사람은 비참한 것이다. 마침내 그가 재판관 앞에 불려나가게 되면 영원한 죽음의 판결을 받을 것이다. 그러니까 우리는 전능하신 주님을 향해 우리 마음의 문을 신앙의 결실로 활짝 열려고 열심히 노력해야 한다. 그러면 틀림없이 영원한 생명을 얻을 것이다.

42

아기의 운명을 꺾지 못한 황제

· · · · ·

옛날 로마에 델피누스라는 강력한 황제가 살았다. 그에게 는 아들이 없고 오직 딸만 하나 있었다. 아름다운 그 딸을 황 제는 몹시도 사랑했다.

하루는 황제가 숲속으로 들어가서 사냥을 하다가 길을 잘 못 들었고, 부하들이 주위에 하나도 없게 되었다. 마음이 몹 시 불안해진 그는 자기가 말을 타고 어디로 가고 있는지, 그 곳이 어딘지도 모른 채 혼자서 하루 종일 말을 타고 나아갔 다. 드디어 밤이 되었을 때 외딴 집을 한 채 발견하고는 급하 게 달려가서 문을 두드렸다.

안에 있던 주인남자가 그 소리를 듣고 나와서 문을 두드리 는 이유와 무엇을 원하는지 물었다. 그래서 황제가 대답했 다.

"밤이 깊으니 제발 하룻밤 묵어가게 해주길 바란다."

집주인은 그가 황제인 줄도 모르고 대답했다.

"저는 황제의 숲을 관리하는 삼림감시관이며, 그래서 고기와 식량을 얼마든지 제공해 드릴 수가 있습니다."

그 말을 들은 황제는 속으로 크게 기뻐했다. 그러나 자기가 황제라는 사실은 숨겼다. 이윽고 삼림감시관이 문을 열고 정중하게 영접한 다음, 저녁식탁을 차리고 정성스럽게 음식을 내왔다. 식사가 끝나자 그는 황제를 방으로 안내했고 얼마 후 황제는 침대에 누웠다.

그날 밤 삼림감시관의 아내가 다른 방에서 해산의 진통을 겪고 있다가 건강하고 귀여운 아들을 낳았다.

침대에 누워서 잠이 든 황제는 누군가 자기에게 같은 말을 세 번 반복하는 것 같은 생각이 들었다.

"받아라, 받아라, 받아라."

그 말을 듣고 잠에서 깬 황제는 그게 무슨 뜻인지 몹시 궁금해서 혼잣말을 했다.

"어떤 목소리가 내게 '받아라, 받아라.' 고 말했지만 나더러 무엇을 받으라는 말인가?"

그는 다시 잠이 들었는데, 다시금 목소리가 들렸다.

"바쳐라, 바쳐라, 바쳐라."

그 말을 듣고 잠에서 깬 황제는 그게 구슨 뜻인지 몹시 궁금해서 또 혼잣말을 했다.

"이건 또 무슨 뜻인가? 처음에 나는 '받아라, 받아라.'고 하는 소리를 들었지만 아무 것도 받지 못했다. 그런데 이제 다른 목소리가 '바쳐라, 바쳐라.'고 했지만, 무엇을 바쳐야만 한단 말인가?"

그런 생각에 골몰하고 있는 동안 그는 다시금 잠이 들었다. 세 번째 목소리가 다시 같은 말을 세 번 반복했다.

"달아나라, 달아나라, 달아나라. 왜냐하면 오늘밤 태어나는 아기는 네가 죽은 뒤에 황제가 될 것이기 때문이다."

그 말을 듣고 난 황제는 잠을 깨었고, 무슨 뜻인지 몰라 몹시 궁금해졌다.

다음 날 아침 잠자리에서 일어나자 황제가 삼림감시관을 불러서 말했다.

"어젯밤에 태어난 아기를 알고 있다면 내게 말하라."

"제 아내가 어젯밤에 귀여운 아들을 낳았습니다."

"그 아들을 좀 보여주면 좋겠다."

아기를 들여다보다가 황제는 그 아기 얼굴에 이상하게 생긴 점이 있는 것을 발견했다. 그 점만 보면 나중에라도 아기를 알아볼 수가 있을 것이다. 그래서 황제가 말했다.

"내가 누군지 알겠는가?"

"모르겠습니다. 제가 기억하는 한, 전에 한번도 뵌 적이 없으니까요. 그러나 당신은 귀족인 듯 합니다."

"나는 황제다. 어젯밤에 이 집에 머물게 해주어서 진심으로 깊이 감사하는 바이다."

그 말을 들은 삼림감시관은 황제의 발 밑에 꿇어 엎드려서 자비를 간청했다. 조금이라도 불편을 끼친 점이 있다면 너그러이 용서해 달라고 빈 것이다. 황제가 말했다.

"조금도 겁낼 것 없다. 네 친절에 진심으로 감사하는 바이다. 그리고 어젯밤 태어난 네 아들은 내 궁전으로 데리고 가서 키우겠다. 내일 그를 데리러 사람을 보내겠다."

삼림감시관은 대답했다.

"더없이 고귀하신 황제 폐하께서 자기 신하이자 하인인 사람의 아들을 키운다는 것은 격에 맞지 않는 일입니다. 그러나 폐하의 뜻대로 시행하겠습니다. 내일 폐하의 전령이 오면 저는 아들을 내드리겠습니다."

그 말을 듣고 난 황제는 말을 타고 자기 궁전으로 돌아갔다. 궁전에 도착하자마자 그는 자기가 가장 신임하는 하인들을 불러서 말했다.

"나는 어젯밤 내 숲을 관리하는 삼림감시관의 집에서 머물렀는데, 이제 너는 그 집으로 가서 그의 아들을 달라고 해서 받아라. 그의 아내가 어젯밤 아들을 낳았던 것이다. 그러나 도중에 그 아들을 죽이고 시체는 개들에게 먹여라. 그리고 그 아이의 심장만 내게 가지고 와라. 내 명령을 어기면 너희들은 가장 참혹하게 죽을 것이다."

하인들이 즉시 숲으로 가서 삼림감시관의 아들을 받아 가지고 그 집을 나섰다. 그들이 한참 길을 걸어가다가 황제의 궁전 가까이 이르렀을 때 한 하인이 말했다.

"이 아이를 죽이라는 황제의 명령을 우리는 어떻게 시행하면 좋을까?"

어떤 하인들은 죽이자고 했고, 또 다른 하인들은 살려주자고 주장했다. 그렇게 의견이 분분해서 다투고 있을 때 가장 자비로운 하인이 제의했다.

"여러분이 생각도 해보지 못한 점을 말할 테니 잘 들어보십시오. 무죄한 이 아기를 죽인다면 우리는 전능하신 주님 앞에 죄를 짓는 겁니다. 그러므로 여기 있는 어린 돼지 한 마리를 죽인 다음 그 심장을 꺼내 가지고 황제에게 가서 '이것이 아이의 피 흐르는 심장입니다.' 라고 거짓 보고를 합시다."

하인들이 말했다.

"그거 참 좋은 의견입니다. 그러나 아이는 어떻게 하면 좋겠습니까?"

그러자 가장 자비로운 하인이 대답했다.

"포대기로 싸서 나무 줄기의 구멍 속에 넣어둡시다. 어쩌면 주님께서 그를 도와 목숨을 구해주실 것입니다."

그 말을 들은 하인들이 전폭적으로 찬성했다. 그래서 어린 돼지를 죽여 그 심장을 들고 황제에게 가서 말했다.

"폐하의 명령대로 우리는 아이를 죽여버렸습니다."

그리고 돼지 심장을 보여주었다. 그것이 아이의 심장이라고 믿은 황제는 그것을 받아서 불 속에 처넣고는 비웃는 어조로 말했다.

"보라. 이것이 내 뒤를 이어서 황제가 될 자의 심장이다. 꿈이나 환상을 믿어서 무슨 소용인가? 그런 것들은 환상과 허깨비에 지나지 않는다."

아이가 나무 구멍 속에 놓인 지 이틀이 되었을 때 어느 백작이 사냥을 하려고 그 숲으로 들어갔다. 그의 사냥개들이 수사슴을 추격하다가 아이가 들어있는 그 나무 밑에 이르렀다. 아이의 냄새를 맡은 개들은 더이상 앞으로 나아가지 않았다.

그것을 본 백작은 사냥개들이 왜 거기서 우물쭈물하는지 몹시 이상하게 여겼다. 그래서 말에 박차를 가해 급히 그곳으로 달려갔다. 아기가 누워있는 나무 밑에 이른 그는 구멍을 들여다보고 그 속에 누워있는 아기를 발견했다. 그는 크게 기뻐하면서 아기를 품에 안고 사랑에 찬 시선으로 굽어보았다. 아기를 자기 성으로 데리고 간 그는 아내에게 말했다.

"여보, 오늘 숲속으로 사냥을 나갔다가 나무 구멍 속에서 이 귀여운 아기를 우연히 발견했어. 여간 기쁜 일이 아냐. 우리 부부는 아들도 딸도 전혀 낳지를 못했고, 당신은 임신해 본 적도 없어. 그러니까 당신은 이제부터 아이를 임신한 척하고, 얼마 후에는 직접 아이를 낳았다고 말하시오."

백작부인는 그가 시키는 대로 하겠다고 말하면서 크게 기뻐했다.

"당신 뜻에 따르겠어요."

그런 뒤 얼마 지나지 않아서 백작부인이 아이를 낳았다는 소식이 전국에 퍼졌다. 그래서 모두 크게 기뻐했다.

아이는 점점 자라면서 모든 사람의 사랑을 받았다. 특히 백작 부부가 그를 누구보다도 더 사랑했다. 이윽고 15세가 되었을 때, 황제가 성대한 잔치를 베풀고는 제국 안의 모든 제후들을 초청했다. 백작도 물론 초대를 받았고, 잔칫 날이 다가왔을 때 그의 아들은 매우 잘 생긴 젊은 귀족청년이 되어 있었다.

황제는 백작 앞에 자리를 잡고 앉아있는 그를 유심히 살펴보았다. 이윽고 예전에 삼림감시관의 집에서 본 그 얼굴의 이상한 점을 발견하고는 속으로 크게 놀라고 몹시 불안해졌다. 그래서 백작에게 물었다.

"이 젊은이는 누구 아들인가?"

백작이 대답했다.

"그야 물론 제 아들입니다."

황제가 다시 물었다.

"나를 신뢰하고 충성을 바친다건 사실대로 말하라."

백작은 도저히 빠져나갈 길이 없고 있는 그대로 실토할 수밖에 없다고 판단했기 때문에, 숲속의 나무 구멍에서 어린아이를 발견하게 된 경위부터 자세히 황제에게 말해주었다. 그 말을 듣고 난 황제는 화가 치밀었고, 과거에 그 아이를 죽이라고 자기가 파견했던 하인들을 불러들였다.

그들이 불려 들어오자 황제는 그들의 손을 성서에 얹게 한 다음, 아기를 어떻게 처리했는지 사실대로 말하겠다는 맹세를 하라고 명령했다. 하인들이 대답했다.

"저희는 자신을 폐하의 자비와 선하심에 내맡깁니다. 저희가 동정심에 못 이겨서 아기를 죽이지 못한 것이 사실이기 때문입니다. 저희는 아기 대신에 어린 돼지를 잡아서 그 심장을 폐하께 바쳤던 것입니다. 그리고 그 아기는 나무 구멍 속에 넣어두었습니다. 그러나 그 후 어떻게 되었는지는 저희도 모릅니다."

사실을 듣고 난 황제가 백작에게 말했다.

"이 젊은이는 나와 함께 여기 머물 것이다."

백작은 전혀 내키지 않는 일이었지만, 황제의 말에 복종했다. 잔치가 끝나자 모든 참석자가 황제에게 인사를 하고 각자 자기 집으로 돌아갔다.

　그 무렵 황후와 공주는 황제의 명령에 따라서 로마에서 아주 멀리 떨어진 나라에 머물고 있었다. 얼마 후 황제가 그 젊은 귀족청년을 불러서 말했다.

　"황후에게 말을 타고 가서 내 편지를 전달하라."

　"폐하의 명령대로 즉시 시행하겠습니다."

　황제는 곧장 자기 방으로 들어가서 황후에게 편지를 썼다. 그 편지를 가지고 간 사람을 잡아서 말의 꼬리에 묶어 끌고 다니다가 목을 졸라서 죽여버리라는 내용이 거기 적혀 있었다. 황제의 명령을 거슬리면 사형에 처한다는 말도 들어 있었다.

　편지를 쓰고 나서 봉인을 한 황제는 그 편지를 젊은 귀족청년에게 주고는 즉시 말을 타고 떠나라고 명령했다. 젊은 귀족청년은 기쁜 표정으로 편지를 받아서 가방에 넣은 다음 여행을 떠났다. 사흘인가 나흘 동안 말을 타고 계속해서 가다가 밤이 되어 어느 성에 도달했다. 그는 성주인 기사에게 밤에 묵어갈 숙소를 부탁했다.

　젊은이를 보고 크게 호감을 지니게 된 그 기사는 밤에 잘 숙소를 허락했다. 그리고 먹을 것과 마실 것을 잘 대접한 다음 그를 방으로 인도해 주었다. 방에 들어선 그는 곧장 침대에 누워 잠이 들었다. 오랜 여행에 몹시 피곤했기 때문에 황제의 편지가 든 가방이 열린 채 거기 놓여 있는 것도 모르고 잠이 든 것이다.

가방 안에서 황제의 도장이 찍힌 채 봉인된 편지를 발견하고 열어보고 싶은 충동을 받은 그는 뜯은 흔적이 나지 않도록 교묘하게 편지의 봉인을 뜯고 읽어보았다. 그 편지를 가지고 가는 사람을 황후가 어떻게 죽일 것인지, 그리고 황제의 명령을 시행하지 않는 경우 황후도 죽게 된다는 것을 알게 된 그는 몹시 슬퍼하면서 속으로 생각했다.

'이토록 멋진 젊은이를 죽게 만든다는 것은 너무나도 슬픈 일이다. 그러므로 나는 이 일을 막아야만 하겠다.'

그는 편지의 글자들을 모두 지워버리고 같은 종이 위에 이러한 내용을 대신 적어 넣었다.

〈이 편지를 가지고 가는 젊은 귀족청년을 맞아들여라. 그리고 그를 우리 딸과 즉시 결혼시켜라. 결혼식은 이 세상에서 가장 엄숙하고 가장 영광스럽게 치러야 한다. 그들이 결혼한 뒤에는 그를 친자식처럼 대접해라. 그리고 내가 직접 거기 갈 때까지 그가 내 방에서 지내도록 하라. 황제의 명령을 어기면 사형에 처할 것이다.〉

그런 내용을 적어 넣은 기사는 편지를 교묘하게 다시 봉인해서 가방에 넣어 두었다.

다음 날 아침 일찍 일어난 귀족청년은 매우 기쁜 표정으로 여행준비를 마치고는 기사에게 고맙다는 인사를 한 뒤 말을 타고 떠났다. 사흘이 지나서 그는 황후 앞에 도착했고, 황제를 대신하여 대단히 정중하게 인사를 올리고 편지를 바쳤다. 편지를 읽어보고 난 황후는 즉시 사방에 전령들을 파견하여 모든 제후와 귀족을 자기 딸의 결혼식에 참석하라고 전했다.

이윽고 결혼식을 거행할 날이 되었다. 수많은 귀족과 귀부인들이 모였고, 젊은 귀족청년은 황제의 편지에 쓰인 지시에 따라 엄청난 명예를 누리면서 황제의 딸과 가장 성대한 결혼식을 올렸다.

얼마 후 황제가 그 나라에 직접 가게 되었다. 남편인 황제가 온다는 소식을 들은 황후는 사위와 다른 많은 신하들을 거느린 채 영접하러 나갔다. 자기 아내인 황후와 함께 마중 나온 그 젊은이를 본 황제는 너무 화가 나서 미칠 지경이었다. 그래서 황후에게 소리쳤다.

"오 저주받은 여인이여, 내 명령을 이행하지 않았으니 참혹한 죽음을 당할 것이다."

그러자 황후가 대답했다.

"당신이 지시한 것을 저는 모조리 시행했습니다."

"저주받은 여인이여, 절대로 그렇지 않다. 나는 이 젊은이를 죽이라고 지시했는데, 이제 그는 내게 인사를 하고 있지 않느냐?"

"당신은 우리 딸을 그에게 주라고 편지에 썼어요. 그것도 명령을 따르지 않으면 사형에 처한다는 말도 있었지요. 자, 그 증거로 당신의 봉인이 찍힌 이 편지를 보세요."

그 말을 들은 황제가 크게 놀라서 물었다.

"아니, 그가 내 딸과 결혼했단 말인가?"

"그래요. 엄청난 영광 속에 성대한 식을 올린 지가 벌써 오래 되었어요. 당신도 눈치챘겠지만, 우리 딸은 임신 중이에요."

그러자 황제가 말했다.

"오, 우리 주 예수 그리스도여, 당신의 명령에 대항하는 것은 이만저만 어리석은 짓이 아닙니다. 일이 이렇게까지 발전되었다면, 당신의 뜻은 반드시 이루어져야만 합니다."

드디어 황제는 자기 사위를 두 팔로 끌어안고 키스해 주었다. 황제가 죽은 뒤에 그 젊은이가 새로운 황제가 되었고, 행복하게 살다가 편안하게 숨을 거두었다.

🌿 이 황제는 헤로데, 폭군, 독재자를 의미한다. 그들은 진리를 외면한 채 혼자 걸어다니는데, 그러다가 삼림감시관의 집, 즉 주님의 집인 교회에 도달한다.

이 헤로데는 아기 예수를 죽이고 싶어한다. 그래서 성서에는 헤로데가 동방에서 온 세 명의 왕에게 아기를 찾아보게 하고 그 아기를 자기가 있는 곳에 데려오라고 지시했으며, 자기도 가서 경배하겠다고 말했다고 적혀 있다. 그러나 헤로데는 아기에 대한 사랑 때문에 그런 말을 한 것이 아니라 속임수를 쓰려고 했던 것이다.

삼림감시관은 요셉을 의미하는데, 그는 아기를 지켜주었다.

황제의 전령들, 즉 동방에서 온 세 명의 왕들은 아기를 죽이지 않았다. 오히려 무릎을 꿇고 경배했으며, 주님의 나무에 뚫려 있는 구멍 속에 아기를 감추었다. 숲으로 와서 아기를 발견한 백작은 천사를 통해서 요셉에게 달아나라고 경고한 성령을 의미한다. 요셉은 그 경고를 받고 아기 어머니와 아기를 데리고 이집트 땅으로 달아났다.

이 이야기가 전해 주는 교훈은 다른 식으로 해석할 수도 있다. 즉 이 황제는 이 세상이라는 숲속에서 걸어다니는 죄인을 의미하는데, 그는 헛된 것만 찾아다니다가 주님의 집에 도달한다. 그가 주님의 계명을 충실히 지키겠다고 한다면, 교회의 성직자는 그를 친절하게 맞아들일 것이다.

그러나 요즘 수많은 사람들이 교회에서 잠만 잔다. 그들은 신앙을 실천하는 생활을 하지 않기 때문에 세 가지 목소리를 두려워한다.

첫 번째의 '받아라'는 주님께서 자기 모습에 따라 우리를 만드시고 영혼을 넣어주실 때 우리에게 베푸시는 풍성한 은총을 받으라는 의미다. 두 번째 '받아라'는 하늘나라의 아버지의 아들을 받으라는 의미다. 세 번째 '받아라'는 십자가 위에서 죽으신 사람의 아들을 받으라는 의미이다.

첫 번째 '바쳐라'는 세례를 받을 때 깨끗하고 아름답게 태어난 우리 영혼을 바로 그런 상태로 보존했다가 전능하신 주님께 바치라는 의미이다. 두 번째 '바쳐라'는 전능하신 주님 그리고 다른 사람들에게 우리가 영예와 존경과 사랑을 바쳐야 한다는 의미다. 세 번째 '바쳐라'는 신앙의 참된 고백, 마음의 회개, 그리고 생활의 개선을 바쳐야만 한다는 의미다.

첫 번째 '달아나라'는 우리가 죄로부터 달아나야 한다는 의미다. 두 번째 '달아나라'는 세상으로부터 달아나야 한다는 의미다. 왜냐하면 엄청난 허위와 유혹이 세상 안에 도사리고 있기 때문이다. 세 번째 '달아나라'는 신앙과 그 결실을 통해서 영원한 고통으로부터 달아나야만 한다는 의미다. 신앙과 그 결실을 통해서 우리는 오히려 영원한 기쁨과 행복에 도달할 수 있다.

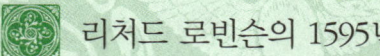

리처드 로빈슨의 1595년판 서문

　런던의 시민 리처드 로빈슨은 가장 명예롭고 덕성이 풍부한 리니외 백작부인이신 마가렛 더글러스 귀부인께 행복한 생애와 장수하는 행운을 기원하고, 아울러 날로 그 명예가 증가하고 영원한 행복을 얻기를 축원하는 바입니다.

　과거에는 시인들이 자기 자신과 남들에게 즐겁고 유익한 시 또는 후세 사람들의 생활에 도움이 되는 시를 쓰는 일에 몰두해 왔다고 로마의 시인 호라티우스는 주장했습니다. 이교도 시인들이 이러한 재능으로 명성을 얻을 수 있었던 이유는 그들이 풍부한 상상력을 동원해서 인류의 행복에 도움이 되거나 크게 기여하려 했기 때문이라고 봅니다.

　그래서 다른 작가들은 생전에 자기 작품들을 출간하려고 애썼는데, 그 방식은 동일하지 않고 서로 달랐습니다. 어떤 사람들은 주님의 성령이 자기 마음을 움직이는 대로, 또 어떤 사람들은 자기 감흥이 이끄는 대로 자기 자신과 남들에게 즐겁고 유익한 글을 쓰려고 했습니다. 그러나 자기 감흥에만 의존했던 사람들은 그들의 시대가 분별력이 별로 없어서 무지함에 이끌리고 있었기 때문에 불완전했고 모순 속에 잠자고 있었습니다.

반면에 우리 주님께서 영광스러운 복음의 찬란한 빛을 지상의 모든 민족 위에 비추어 주시기 시작하자, 주님의 성령을 기꺼이 따르는 사람들은 자기 자신과 남들을 한층 더 잘 깨우쳐주었고, 아집으로 소경이 된 사람들에 대해서는 후세 사람들이 그들의 실제 모습을 있는 그대로 드러내고, 꿈에서 깨어나게 만들며, 그들의 결함을 보완해서 완성시켜 주는 것입니다.

따라서 심지어는 아주 먼 고대의 시인들, 전기작가들 그리고 일반작가들마저도 그들이 오늘날 살아있다면 후세 사람들의 성실한 노력에 대해서 크게 기뻐할 것입니다. 물론 지금 시대에도 많은 학자들이 땀 흘려 연구 노력한 결과, 고대의 수많은 저자들의 작품이 과거에는 그 결함과 불완전함 때문에 지식의 풍토를 황무지로 내버려두었지만, 이제는 한층 더 비옥하게 만들고 있습니다. 또한 그들의 명성은 줄어들기는커녕 더욱 커지고, 덕행은 포기되기는커녕 더욱 장려되며, 지금 시대와 앞으로 올 시대는 지식의 고상한 혜택과 생활의 완성을 잃기는커녕 한층 더 많이 누리는 것입니다.

저는 능력이 부족하기는 하지만 일상생활의 체험을 통해서 다른 사람들의 노고를 이해할 수 있습니다. 그래서 이러한 노고를 주님과 사람들이 기꺼이 용납하고 칭찬해 준다고 믿고, 제 능력을 바쳐서 이 과정을 잘 헤쳐나가 주님과 세상 사람들이 기꺼이 인정하는 결과를 얻게 되기를 바라는 것입니다.

그리고 저의 조국인 이 나라에서 적지 않은 선의를 발견했기 때문에 이 일에 착수할 용기를 얻었고, 지금까지 한두 가지의 연구를 해왔습니다. 이러한 연구에 당연히 따르는 결함들을 제가 지금 또는 앞으로 극복할 수 있다고 믿을 것이 아니라 다른 사람들의 이해력과 선의에 더 의존하려고 합니다. 무엇보다도 백작부인의 가장 너그러운 호의와 격려에 힘입어 저는 이 일에 대한 저의 의무를 매우 심각하게 느끼게 된 것입니다.

다행인지 어쩐지는 모르겠습니다만, 어느 분이 최근에 이 작품을 제게 가져다 주었는데, 그는 제가 이 일을 잘 해낼 것이라고 본 모양입니다.

제가 손을 대서 수정하기 이전 상태의 이 작품이 불완전한 표현들이 많을 뿐만 아니라, '로마인들의 행동' 이라는 제목을 달아서 도덕적 교훈의 제시가 적절하지 못한 것이기는 했지만, 제가 내용을 자세히 검토해 본 결과, 단순한 내용을 한층 풍부하게 수정하고, 그렇게 함으로써 의미를 한층 더 명

확하게 전달하는 성과를 거두려면 힘들여 손질해야만 하겠다는 생각이 들었습니다.

그리고 최대한의 노력을 기울여 적지 않은 이야기를 수정하고 보충하는 과정에서 저는 각 이야기마다 '곰곰 생각해볼 문제(본책에서는 편집상 뺌)'를 추가하는 것이 좋겠다고 생각했고 또한 이것은 독자들의 우수한 이해력과 지능에 적합할 것이라고 보았으며, 제목도 '수정 보완된 로마인들의 행동, 즉 고대 이야기들의 기록'이라고 고치고, 가장 재미있고 유익한 책, 아무에게도 불만족을 주지 않고 모든 사람이 반기는 책, 어느 구석에도 의심받을 만한 결함이 없는 책이 되기를 바랐습니다.

저는 이 책에 따르는 모든 명성을 영예로운 후원과 보호를 베풀어주신 가장 고귀하고 찬란한 특권의 백작부인께 가장 깊은 겸손함과 진심에서 우러나오는 의무감에 따라 바치는 바입니다. 또한 너무나도 하찮은 이 책을 백작부인에게 감히 바치는 저의 무례함에 대해 가장 깊이 겸손한 마음으로 용서를 청하며, 이 책을 바치는 저의 선의를 너그럽게 받아주시기를 역시 가장 깊이 겸손한 마음으로 간청하는 바입니다.

  백작부인께서 그렇게 해주신다면, 저는 이 책에서 의미를 한층 더 잘 전달하려던 의도에 대해 다른 모든 사람들의 한층 더 호의적인 태도를 기대할 수 있을 것입니다. 가장 영예롭고 덕성이 풍부하신 백작부인께서 베풀어주신 은혜에 비록 보답할 수는 없다고 해도, 기회가 생길 때마다 저는 보답의 의무를 이행하는 데 모든 노력을 다 기울이겠습니다. 또한 모든 행동과 기도 안에서 저는 항상 이 의무를 지고 살겠습니다.

  살아계신 주님께 저는 무엇보다도 백작부인께서 이 세상에서 오래오래 장수를 누리시고 언제나 번영하시고 행복하시기를 기도합니다. 아울러 주님께서 백작부인께 영원한 생명 속에 결코 변함이 없는 확고한 행복을 주시기를 간절히 빕니다. 아멘.

백작부인의 가장 비천하고,
진심으로 충성하는 연설자이며,
런던 시민인
리처드 로빈슨 올림